CHRONOS

Elena Balandina

Sé de qué color
es el cielo en el infierno

europa
ediciones

© 2023 **Europa Ediciones** | Madrid
www.grupoeditorialeuropa.es
ISBN 9791220145435
I edición: Diciembre del 2023
Curador: Rode Classen

**Sé de qué color
es el cielo en el infierno**

Una simple y al mismo tiempo asombrosa verdad que llegó en un momento correcto a mi vida pudo cambiar mi cosmovisión-

Cada acontecimiento, cada persona a los que denominaba culpables en mis problemas y cambios de vida que fueron ocasionados adrede o inconscientemente tenían un poder sobre mi vida, no era yo responsable, hasta darme cuenta de ello y asumir todas las consecuencias que lleguen tras mis propias decisiones, ya nada y nadie tiene este poder solo yo.

Dedico mi libro a cada uno que está dudando de sus propias fuerzas, y a cada uno que busca respuestas desde afuera, el universo que vive dentro de cada uno las tiene, solo hay que mirar dentro de si mismo. Y al mismo tiempo expreso un agradecimiento infinito a cada dia de mi pasado, a cada persona que encontré en mi vida a todo lo que está por llegar.

Capítulo 1

El fondo del abismo

"Cada santo tiene un pasado
y todo pecador tiene un futuro"
Oscar Wilde

Rusia, año 2000. No sé qué hora del día es. Miro hacia el cielo y siento como si estuviera sobre mi cabeza aplastándome. Me paraliza e hipnotiza. Las nubes están bajas y el cielo parece hecho de plomo, oscuro y pesado. Si existe el infierno, estoy segura de que el cielo allí luce de esta manera: amenazante y desintegrante. A lo mejor estoy ahora en el infierno y eso explica el horror y la desesperanza que siento en cada centímetro de mi cuerpo. Un dolor infinito se ha apoderado de mis entrañas.

Desvío la mirada, quiero romper el contacto visual con el cielo. Estoy en la calle, hay mucha gente que pasa caminando a mi alrededor. Algunos me miran con asco y me esquivan, rápidamente se apartan de mí. Otros ni me ven. Algunos están tan apurados que cuando pasan a mi lado me rozan. El mínimo contacto con ellos me provoca dolor y me hace dar cuenta de que sigo viva.

Reconozco que estoy al lado de la estación de autobuses de la ciudad de Perm, pero no sé cómo llegué aquí.

Mi ropa está rasgada y sucia. Siento un olor desagradable y me doy cuenta de que proviene de mi propia piel y mi cabello. Seguramente no tomo una ducha desde hace varias semanas, o quizás meses. No sé con quién estuve, qué hice, ni qué me hicieron en el último tiempo. No puedo rastrear mis últimos recuerdos sobria y con consciencia. Cuando intento rascar en mi memoria, la cabeza me duele y siento que va a estallar. ¿De qué cloaca habré salido esta vez?

Tengo una sed que me desgarra la garganta. Quisiera tener en mis manos alguna bebida blanca, fuerte, que pueda calmarme y que me evite seguir dentro de esta tortura. Sé que el alcohol me trajo hasta aquí pero sé que si no vuelvo a llenarme de él lo que vendrá será mucho peor: sentiré angustia, tendré vómitos imparables, sufriré ataques de pánico y delirio. Mi cuerpo exhausto no obedece, mi mente empapado en alcohol se niega a pensar, mi corazón acelera y, esta vez, quizás no lograré evitar el colapso. Lo mejor sería entrar en una letargo por un mes hasta que me recupere, sé que es imposible, tendré que sentir plenamente todos los "placeres" de la abstinencia tanto en un sueño frágil como en la realidad.

No sé hacia dónde ir y tampoco creo tener la fuerza para llegar muy lejos. Cuando me muevo por la estación para tratar de entender dónde estoy, el cuerpo me duele y tiembla. Mis pasos son muy lentos y mis pensamientos demasiado rápidos y caóticos: ¿Cuánto tiempo llevará mi madre sin saber nada de mí? Seguro que piensa que ya estoy muerta y, de alguna manera, tiene razón. ¿Por qué mi vida se ha convertido en esto? ¿Por qué soy así? ¿Quién tiene la culpa de lo que me ocurre? ¿Cuándo fue que crucé el punto de no retorno?

Quizás el descenso hasta el fondo de este abismo comenzó cuando era niña y estaba rodeada de alcohólicos que montaban borracheras y escándalos sin parar; tal vez cuando probé el alcohol por primera vez, en una discoteca, mientras me divertía con mis amigas a los 14 años, o cuando tuve mi primera borrachera, a los 18. A lo mejor, el declive comenzó cuando mi madre me negó la posibilidad de estudiar lo que yo quería y mi rutina se volvió tan frustrante que empecé a escaparme de ella sumergiéndome en el alcohol los fines de semana junto a mi prima en Perm. Mi prima, otra historia: si no me hubiese acercado tanto a ella quizás todo hubiera sido diferente. Son tantos los posibles culpables, las cosas que me fueron rompiendo poco a poco, que no puedo darme a mí misma una explicación sencilla.

La primera vez que tuve una borrachera de varios días de duración fue en la casa de mi prima Marina. Al inicio iban desde el viernes al sábado, luego hasta el domingo, hasta que un día se extendió hasta el martes y falté a mis clases. Sin preguntarme, mi prima buscó todas las cosas que yo tenía en la residencia de estudiantes y las llevó a su casa. Me dijo que pensó que yo había decidido abandonar la formación, pero luego supe que en ese traspaso de casa, había tomado alguna de mis cosas y las había vendido o las había cambiado por alcohol.

Desde ese día, estar borracha era mi estado constante. Salía de la cama tarde, con una fuerte resaca, y a la hora del almuerzo empezaba a emborracharme de nuevo. Mi cuerpo no tenía descanso, mi mente estaba abstraída.

Un día me desperté y me dí cuenta de que la noche anterior había vuelto sin bolso y sin pasaporte. Me había quedado sin nada y no sabía cómo había ocurrido. No era la primera vez que me encontraba en una situación de peligro sin saber cómo había llegado. Unas noches atrás me había despertado junto a mi prima en un lugar desconocido, junto a dos hombres que nos gritaban:

—Les vamos a cortar el cuello y las vamos a tirar a un lugar donde nadie las va a encontrar. ¡Una de vosotras nos ha robado una chaqueta!

En ese momento, con mi mente nublada y borracha, me dí cuenta de que los peligros me pasaban demasiado cerca. Sentí vergüenza, miedo, pero pensé que solo estaba pasando una mala etapa. Ya saldría de esa situación. No sé cómo logramos salir vivas de allí, pero lo siguiente que recuerdo es haberme despertado en un lugar seguro, si es que eso existía en mi mundo.

Me había acercado a mi prima Marina porque me sentía sola en la ciudad, estaba haciendo una formación que no me atraía, y ella me generaba resguardo y seguridad. Era 15 años mayor que yo, por lo que siempre había sido una referencia para mí. Apenas me reencontré con Marina me dí cuenta de que su mundo actual giraba en torno al alcohol pero, antes de comprender cuán doloroso y peligroso era ese universo, yo también caí en él.

Mi madre apareció en la casa de mi prima cuando yo ya llevaba tres meses en ese estado de alcoholismo constante. Como tuvo que ir a la ciudad por trabajo, fue a preguntarle a mi prima por mí, y me encontró allí, en un estado que seguramente no se imaginaba. Cuando la ví, su mirada me devolvió a la consciencia rápidamente. Sus ojos me incineraban pero, al mismo tiempo, expresaban dolor. Con una voz fría, me dijo:

—Ahora me voy a la fábrica a arreglar unas cosas. Vuelvo en tres horas para llevarte a casa. Si descubro que has bebido una gota más, te dejaré aquí para siempre.

Esas tres horas fueron interminables. Mis pensamientos no se detenían, sentía un gran arrepentimiento y mucha culpa. Logré no tomar ni una gota de alcohol en ese rato así que, cuando mi madre volvió y me llevó con ella.

En mi casa, mi madre se ocupó de mantenerme sobria y soportó mi estado de resaca y abstinencia que duró alrededor de un mes. Cuando estuve mejor, me consiguió un trabajo para que volviera a encauzarme. Era un empleo de limpieza en un campamento de verano de un colegio policial. El ambiente era muy alegre y la gente me trataba con respeto. Empecé a verme a mí misma de un modo diferente; sentí que me estaba reintegrando a la sociedad y que aquellos meses oscuros iban a quedar en el pasado.

Empecé a hacerme nuevos amigos. Cuando se cumplió el primer mes de trabajo y estaba por cambiar el grupo de participantes, nos reunimos con el equipo para celebrar. Todos tomamos unas copas y reímos. La diferencia fue que los demás se detuvieron luego de algunos tragos y yo continué hacia quedar en una total borrachera. Perdí el control y continué bebiendo por unos días más. Acabé en un pueblo cercano en la casa de unos alcohólicos desconocidos.

Cuando me reincorporé al trabajo, la mirada de mis compañeros había cambiado. Seguían tratándome con amabilidad pero ya no me invitaban a sus reuniones. Terminé la temporada de verano allí y decidí ir al pueblo de balneario para buscar un nuevo trabajo. A este lugar llegaban turistas de distintas partes de Rusia y conseguí ser camarera en un restaurante, ocupación que gozaba de prestigio en ese momento. Me sentía orgullosa de mí misma y otra vez me autoconvencí de que el pasado turbulento había quedado atrás. En mis días libres iba a visitar a mi madre, le llevaba regalos y le contaba lo bien que estaba marchando todo.

En ese tiempo un hombre mayor que era amigo de mi tío se acercó a mí, empezó a buscar una amistad y a hacerme favores y regalos. Él vivía en otra ciudad y venía los fines de semana. Me daba cuenta de que él quería obtener algo más de mí, pero a mí no me interesaba y se lo dejaba en claro. En ese momento yo tenía una relación con un hombre joven. Duró unos meses hasta que lo dejamos. El problema llegó cuando, unas semanas más tarde, me enteré de que estaba embarazada. Ni siquiera pensé en ir a buscarlo para contárselo pues ya no nos veíamos. No sabía qué hacer; lo primero que se me ocurrió fue contárselo al hombre mayor que siempre se mostraba amigable conmigo. Él fue determinante: me dijo que lo mejor era que yo abortara y que él me apoyaría. Se ofreció, incluso, a cubrir todos los gastos.

Ni siquiera me preguntó qué quería hacer yo; no me pareció la reacción de un amigo sino de alguien que seguía con la idea de tener una relación conmigo y a quien no le interesaba que yo estuviera ocupada con un niño. No me sentía tranquila tomando la decisión de abortar.

El fin de semana mi madre vino a visitarme al pueblo de balneario donde yo vivía en aquel momento. Se presentó llevando encima unos tragos de alcohol y seguimos tomando bebidas juntas. Cuando mi lengua ya estaba desatada, le solté que estaba embarazada y no sabía qué hacer. Mi madre, estando bajo los efectos de alcohol, se encontraba fuera del control de la moral social y de todos los prejuicios. Se largó a llorar y yo no comprendía si era de pena por su propia vida rota o por la mía. Me dijo:

—No tienes por qué quitarlo. No te preocupes, yo te ayudaré y podremos educar a este bebé.

Yo sabía que este niño me iba a quitar mi libertad pero pensé que quizás era lo que necesitaba para tomar un nuevo rumbo en mi vida. Además, estaba acojonada con la idea del aborto. Pensé: está bien, que venga a este mundo.

Unos días más tarde, sin embargo, sucedió lo inesperado. Al salir de un baño caliente, sentí un dolor intenso que no me permitía mantenerme en pie. Con esfuerzo llamé a los vecinos, quienes me llevaron a un hospital de la ciudad. Me dijeron que había tenido un aborto espontáneo y me hicieron un legrado. Estuve una semana ingresada. Me sentía desvastada; cada vez que intentaba algo en mi vida, se caía como un castillo de arena. Cuando salí del hospital el hombre mayor seguía estando ahí para mí. Me hacía regalos y atenciones. Un día se dio cuenta de que una manera de seducirme era con el alcohol. Empezó a regalarme bebidas de buena calidad y yo, para mitigar la tristeza que sentía, volví a tomar. Me dije que solo serían algunas copas, pero rápidamente perdí el control y me sumergí nuevamente en borracheras. Para poder conseguir más alcohol, acepté tener una relación con el hombre mayor.

Al principio se habrá sentido bien de haber logrado lo que quería; pero luego se dio cuenta que había puesto en mis manos un arma de doble filo. Cuando tomaba, me volvía muy agresiva, intentaba pegarle y también lo amenazaba con decirle a la gente que estábamos juntos, algo que no lo iba a favorecer ya que yo tenía apenas 20 años y él alrededor de 60. Yo sabía que él me veía solo como una presa disponible pero yo aceptaba ese lugar: actuaba bajo mis instintos, ya que mi moral estaba por el suelo y solo pensaba en lo que quería obtener.

Mi estado en aquellos días era tan dramático que me echaron del trabajo. Oksana, mi amiga a quien conocía desde los años de colegio, intentó ayudarme y me encerró en casa, pero cuando volvió a verme yo estaba sumamente agresiva y no tuvo más remedio que dejarme salir. No tenía dinero, pero iba a los bares o a la calle a conseguir alcohol usando como estrategia mi juventud y belleza. Siempre encontraba a alguien dispuesto a invitarme unos tragos, pero la mayoría de las veces me llevaba a despertarme entre garajes en las afueras de la ciudad, sin recordar cómo había llegado allí.

Siempre llegaba un punto en el que reaccionaba y me daba cuenta de que no quería seguir ese rumbo en mi vida. Por un tiempo dejaba de beber e intentaba ser como todos, llevar una vida normal entre el trabajo y la casa. En esos momentos de lucidez sentía que las borracheras habían sido pesadillas de las que ya había despertado.

En uno de esos meses en los que me estaba manteniendo sobria conocí a un hombre que era atractivo y amable en Perm. Me llevaba a cenar a restaurantes y me hacía regalos. Yo estaba enamorada y nos llevábamos muy bien; tanto, que al poco tiempo alquiló una vivienda para que viviéramos juntos. Como él no consumía alcohol, me resultaba fácil abstenerse. Mi madre estaba muy contenta y yo me sentía segura de mí misma. Este hombre se dedicaba a la venta por mayor y me contrató como jefa de su almacén. Tenía todo lo que necesitaba y quería. Un día en que él estaba de viaje por negocios, los otros trabajadores me dijeron que querían darme la bienvenida y me invitaron a una cena. Allí caí en la tentación de beber alcohol y, tras varios días, me desperté en un apartamento desconocido con personas desconocidas. Unas horas más tarde llegó mi novio, me dijo que me había estado buscando por varios días. Yo estaba semidesnuda en una cama, con una fuerte resaca. Jamás olvidaré su mirada de asco y desprecio. Se fue sin decirme nada y entendí que me había quedado sin pareja, sin casa y sin trabajo. Me quedé en Perm matando mi vida en borracheras; sintiendo frustración y pena por mí misma culpaba al mundo entero de mis desgracias y así justificaba mi alcoholismo.

Después de un tiempo me recuperé y volví a la ciudad de balneario. Cogí un trabajo como dependienta en una tienda. Como sabía a qué me llevaba el alcohol, intentaba mantenerme sobria y la única manera que encontraba de hacerlo era huir del contacto con mis conocidos porque no tenía ninguna herramienta para decir que no. Pero un día todo se desplomó. En el trabajo conocí a un hombre muy atractivo que vino a pasar el fin de semana en el balneario.

El viernes a la noche salimos, empecé a tomar algunas copas y luego me fui con él a su habitación. Perdí el control de tal manera que cuando me desperté en su cama tenía una gran resaca y estaba mojada: me emborraché como una cerda y me había meado encima. Era algo nuevo. Él no me dijo nada al respecto ni yo pronuncié una palabra. Me levanté en silencio y me esfumé de la habitación. Estaba tan avergonzada que desaparecí del trabajo sin explicaciones durante unos días por miedo a toparme con él de casualidad. Sólo volví cuando él se había marchado.

Mi jefa de aquel entonces actuó en un modo diferente a los anteriores. En lugar de despedirme, me dijo:

—Si quieres mantener el trabajo, tienes que meterte al psiquiátrico o hacer algún tratamiento. Elige tú qué hacer, pero me traes un certificado de que estás curada.

Para conservar el empleo, hice un tratamiento durante un mes y volví ante mi jefa con la prueba que me había pedido. De esa manera logré mantener una rutina y una estabilidad por unos meses más, pero siempre ocurría algo que me hacía tropezar y caer nuevamente. Finalmente me echaron de la tienda.

Llegó un momento en el que me era imposible conseguir trabajo en ese pueblo. Todos me conocían y sabían de mi consumo de alcohol que me hacía no cumplir en los trabajos. Cuando me encontré ante tantas puertas cerradas, decidí irme a Perm.

Allí fui a vivir con mi tía, la madre de Marina, y encontré trabajo en una tienda de cosméticos. No podían hacerme el contrato porque no tenía pasaporte desde la última vez que había tenido una gran borrachera. Era el quinto documento que perdía y en la policía de la ciudad de balneario, donde estaba empadronada, ya me echaban bromas y me preguntaba si vendía mis pasaportes. Para resolver la situación, fui a la policía de Perm.

—Ayer perdí el bolso, creo que lo he dejado en el tranvía —mentí.

Me hicieron registrar la denuncia y me dieron el papel que necesitaba para tramitar un nuevo pasaporte en la ciudad de balneario.

Cuando llegué a la oficina para tramitar el nuevo documento, le mostré la denuncia a la recepcionista. Me miró por un momento y, sin decir nada, cogió el teléfono e hizo una llamada. Cuando colgó, me dijo:

—Te está esperando el jefe de la dependencia.

Me recibió. Ya lo conocía desde hacía tiempo. Me invitó a tomar asiento y, con una expresión de sarcasmo, empezó a hablar.

—Hola Balandina. ¿Dices que has perdido el pasaporte hace una semana?

—Sí, y necesito uno nuevo —continué.

Me miró e hizo un gesto de desprecio.

—¿Y qué coño hace tu pasaporte en mi cajón? Me lo enviaron desde otro departamento de Perm hace unos meses. No tiene nada que ver con el tranvía.

Me quedé helada, no sabía qué responder.

—Te voy a denunciar por dar información falsa a la policía. Has infringido el código penal y el departamento donde has hecho esta denuncia falsa llevará este caso. Yo no quiero saber nada de ti. ¡Me tienes harto!

Asentí y me fui con mi viejo pasaporte en las manos. Volví a Perm y cada vez que alguien llamaba a la puerta, me estremecía pensando que venían a buscarme. Tras unas semanas, este día llegó. Abrí la puerta y me encontré con una señora con una carpeta que preguntaba por mí.

—Soy yo —le dije, y le ofrecí que entrara.

Mis rodillas estaban a punto de doblarse porque sabía de dónde venía. Me explicó que tenía una denuncia que había llegado desde mi ciudad. Me hizo algunas preguntas. Me miró y, luego, me dijo:

—Como es la primera vez que te meten este tipo de denuncia creo que no voy a proseguir con ella. Te voy a dar otra oportunidad y cerraré el caso. Pero ten cuidado.

Se fue y yo entendí que el castigo que tuve fueron las semanas de miedo e incertidumbre. Lo resolví como siempre: caí en una borrachera.

Tuve más episodios en los que me sentía recuperada y luego volvía a caer con más fuerza; son tantos que no los recuerdo. En el verano de 1999, cuando ya llevaba casi cinco años en este espiral, decidí ingresarme en el hospital psiquiatrico. Era la primera vez que lo hacía por propia motivación y no por la exigencia de mi madre o algún jefe.

La primera semana fue muy dura porque seguía con resaca y abstinencia, así que no hablaba con nadie. Apenas tenía fuerzas para sobrevivir. Sin embargo, una vez que volví a mi estado normal empecé a interactuar con quienes estaban a mi alrededor. Hombres y mujeres estábamos en sectores separados, pero había un espacio común donde podíamos salir a fumar o a jugar a las cartas. Uno de esos días ví a un chico joven. Primero llamó mi atención su edad, ya que normalmente la gente en esos lugares es mayor y está deteriorada. Después me sorprendió ver que era delgado y atractivo. Él también se fijó en mí y se acercó a presentarse. Se llamaba Igor. Rápidamente entramos en confianzas y al cabo de dos o tres semanas nos encontramos compartiendo todo el tiempo que podíamos. Nos contamos nuestras historias y nos sentíamos comprendidos: ambos pensábamos en que el mundo era el culpable de nuestros sufrimientos.

Un día una mujer vino al centro a invitar a los internados a acudir a una reunión de Alcohólicos Anónimos que funcionaba en una sala dentro de la misma clínica. Yo ya los había visto de lejos y me parecían una secta pero como no tenía mucho más que hacer, miré a Igor, y le dije:

—¿Vamos?

Se rió y me respondió:

—¿Qué más da?

Esa tarde fuimos al encuentro. Al llegar vimos que estaban alrededor de una mesa con una vela y cada persona empezó a contar su experiencia. No recuerdo nada de lo que escuché, yo solo miraba a Igor y le hacía gestos de complicidad. Al salir gastamos algunas bromas sobre las personas que estaban allí, yo pensaba que eran fanáticos y sectantes. No tenía interés de volver nunca más a ese grupo.

Pocos días después a Igor le dieron el alta y volvió a su ciudad que quedaba a 70 kilómetros de allí, pero me prometió que volvería a buscarme. Cuando yo recibí el alta del psiquiátrico cumplió su promesa y vino por mí.

Me llevó a vivir con él a su casa. Él vivía con su hermana menor y sus padres. Su madre me recibió con amor y de repente me encontré haciendo una vida de familia. Estaba feliz e ilusionada.

Encontré un trabajo como camarera en el que me daban muchas propinas así que siempre teníamos un dinero extra. Un día fui a buscar un poco de ese dinero que teníamos en efectivo y me dí cuenta que faltaba muchísimo. Me pareció extraño que Igor no me hubiese comentado nada. Poco a poco empecé a notarlo raro. Empecé a sospechar que había vuelto a tomar, pero en la casa no había alcohol y él nunca olía a bebidas. No sabía qué podía estar sucediendo.

En una ocasión me encontré por casualidad con una ex pareja de él. Me dijo:

—¿Sabes dónde te has metido?

—Sí, pero él ya no bebe más —respondí, inocentemente.

—Es probable, pero lo que hace es peor. Se inyecta heroína. Si te falta dinero, ya sabes por qué es.

Esa acusación se clavó como un cuchillo en mis entrañas. Esa tarde volví a la casa y revisé sus cosas. En el fondo, tenía la esperanza de encontrar algo que negara lo que aquella chica me había dicho. Cuando miré dentro del baño encontré unas jeringas y mi mundo se derrumbó.

Lo enfrenté y me dijo que era todo mentira, que solo había probado una vez. La ilusión de tener una familia y el enamoramiento que sentía eran tan grandes que lo único que decidí creerle. Yo solo quería tener mi vida normal y eso no me permitió quitarme las vendas de mis ojos a tiempo.

En esa misma semana descubrí que estaba embarazada. Cuando se lo conté, con alegría, me dijo:

—Vete a abortar, no podemos tener un hijo.

Otra vez más quedé helada. No podía creer que en solo unos días mi ilusión se había hecho trizas. Pensé que quizás, si esperaba, él cambiaría de idea. Me convencí de que con amor y acompañamiento yo podía salvarlo de su drogadicción.

Sin embargo, no solo no mostraba interés de salir sino que empezó a ponerse cada vez más agresivo. En esos días, llegó una carta que informaba que le habían diagnosticado VIH. Me dí cuenta de que el cuento de hadas que había proyectado en mi mente no iba a ser realidad. Ni siquiera pasó por mi cabeza la posibilidad de estar contagiada. En ese momento me daba igual morir o no, pesaba mucho más la desilusión que tenía.

Fui a abortar y sentí que me quitaron de adentro un feto y todos los restos de esperanza.

La única conclusión que tuve era que debía marcharme cuanto antes. Inventé que me habían ofrecido un trabajo en otra cuidad y que me iría de lunes a viernes, pero que volvería los fines de semana. Cuando se lo dije a su madre, su mirada me dijo que ya sabía que no volvería más. Me dio un abrazo muy grande y me deseó suerte en el nuevo trabajo y en la vida. Sin duda, la necesitaba.

Volví a Perm, la ciudad donde ya había vivido y lo primero que hice fue a ver a una amiga y decirle que necesitaba ayuda para no beber. Realmente quería mantenerme bien, pero el dolor que traía era tan grande y mi entorno era tan duro, que no pasó mucho tiempo hasta que acudí al alcohol para aliviarlo. Creo que en ese momento entré la borrachera más larga, fuerte y cruda que tuve en toda mi vida, pero nada me importaba. Es lo último que puedo recordar.

No sé cuánto tiempo atrás habrá sido eso. ¿Tres, seis meses? Ni siquiera sé qué día es hoy.

En medio de estos pensamientos caóticos que me estaban matando, escucho una voz tímida que me llama por mi nombre:

—Elena.

Me pregunto si estaré soñando. ¿Quién podría reconocerme en este estado?

—Elena —repite la voz, con firmeza.

Me giro lentamente y veo a un hombre.

—Soy Alejandro, ¿te acuerdas de mí? Nos conocimos en la reunión de Alcohólicos Anónimos el año pasado.

Su rostro me suena conocido, pero estoy anonadada de que él recuerde mi nombre cuando yo no le presté atención a nada en esa reunión. Habrá pasado alrededor de un año desde ese encuentro.

—Ah, sí. —respondo con indiferencia—. ¿Qué fecha es?

—26 de marzo —me indica.

Consigo hacer una leve sonrío sarcástica y le digo con desesperación:

—Es mi cumpleaños y mi vida está acabada. No tengo rumbo, no tengo futuro, no soy nadie.

Alejandro me mira por un momento y de repente me dice:

—Vamos.

Se da media vuelta, empieza a caminar y yo lo sigo sin cuestionarme nada. Me da igual dónde voy a terminar.

Contra todas las reglas y normas de Alcohólicos Anónimos, en el camino se detiene a comprar una botella de vodka. No entiendo nada, no sé si quiere ayudarme o hundirme. Pero me doy cuenta que sabe que esa es la única forma de darme un poco de ganas de vivir en este momento.

Al llegar a su casa, me sirve un chupito de vodka y me dice:

—Bebe.

Luego, me envía a ducharme.

Cuando vuelvo, limpia y rosa por el calor del agua de la ducha, me sirve otro chupito y me pone, al lado, un plato de comida.

—Come.

De a poco empiezo a sentir que empiezo a desbloquearme e intento hablar, explicarle o preguntar algo. Él me dice que no hable, me pide que lo escuche.

Empieza a contarme su vida, su historia dura y el momento en el que salió adelante. Me dice que hay esperanza, que no todo está perdido.

Cuando su relato se acaba son cerca de las cuatro de la madrugada y Alejandro, cansado, me dice que necesita dormir antes de ir a trabajar. Me quedo en silencio y en oscuridad, a solas conmigo misma. Tumbada sobre un colchón puesto en el suelo en su pequeña habitación, pienso: desde hace años no me sentía tan bien. No me importa el estado físico pésimo de resaca que tengo, sé que pasará. Mi cerebro agotado y cansado de pensar, desacostumbrado totalmente a la actividad, se empieza a desenchufar y a caer en un sueño que me curaría un poquito.

Parece que una luz tenue de esperanza ha entrado en mi mente. Me digo que si aún estoy en este mundo, después de los horrores que viví, por algo debe ser. No tengo idea qué camino tomar ni si hay un futuro esperando por mí, pero me animo a creer en que si aún puedo inhalar aire y caminar, hay algo más fuerte y poderoso que me protege. Pero sé que no puedo seguir poniendo parches en mi vida. Si quiero salvarme tengo que empezar de cero.

Capítulo 2

Lucha con los fantasmas

"El fuerte no es el que nunca cayó,
sino el que cayó y pudo levantarse"
Anónimo

Salgo de la casa de Alejandro y me encuentro de nuevo con el mundo que durante unas horas había estado detenido. Son las 7 de la mañana del 27 de marzo del 2000. Mi última borrachera no sólo duró de mes a otro, ni siquiera de un año a otro, sino de un milenio a otro mileno. Me desperté en una marca temporal totalmente distinta. Es una magnitud acojonante. Cuánto tiempo he echado a la basura. Mi tiempo es el único recurso que no puedo comprar ni recuperar: se va y no hay manera de evitarlo.

Me despierta definitivamente el aire fresco de la primavera temprana. Ayer cumplí 23 años pero pienso que debo parecer de más edad. Mi piel, mi rostro y mi modo de caminar están viejos y gastados de tanto horror y tantas borracheras. Sé que necesito encontrar el modo de recuperarme, de salir del infierno en el que estuve perdida y, sobre todo, de escapar de la muerte, que me ha estado pisando los talones. En mi cabeza pulsa un solo pensamiento: tres veces a la semana reuniones de Alcohólicos Anónimos.

Alejandro me dijo: yo te puedo enseñar la puerta, pero la tienes que abrir tú. Sé que tiene razón, esta vez quiero ser yo la que se arregle a sí misma. A mi familia solo tengo que avisarles que estoy viva.

Sigo caminando y las preguntas empiezan a girar en mi cabeza: ¿Dónde me quedaré? ¿De qué voy a vivir? ¿Qué voy a comer? Otra vez estoy sin pasaporte, sin identificaciones, soy nadie en mi propio país. Dentro de la casa de Alejandro sentí esperanza pero siento que aquí afuera el viento ya la está corroyendo como a un castillo de arena.

Cuando todo se estaba volviendo oscuro me acuerdo de Víctor, un amigo al que conocí una vez en una fiesta y que solo veía cada tanto en mis momentos de lucidez. A él nunca le gustó que yo bebiera tanto y siempre me advertía e intentaba ayudarme, pero su empeño era en vano. Nadie en aquel momento podía frenar el camino de destrucción en el que yo iba. Tengo vergüenza de reaparecer después de todo este tiempo, pero junto coraje y lo llamo. Le pido que me permita acercarme a su casa. Me recibe bien y se alegra de verme sobria. Le pregunto si me dejaría ducharme en su casa de vez en cuando. Me pregunta si necesito dinero, pero rechazo la oferta por la vergüenza que tengo. Sin embargo, se me ocurre una idea: podría llevar botellas de vidrio vacías a los puntos de recogida donde te dan algo de dinero a cambio por ellas. Sé que Victor no lo hace y las botellas se acumulan en su casa, así que le pregunto si me las daría. Me responde que sí. Tengo una mínima parte del puzle resuelta. También me dice que soy bienvenida en su casa siempre que necesite comer o dormir. Me genera un alivio contar con un apoyo así, y sé que hasta me dejaría vivir en su casa, pero tengo que hacer algo de mi parte.

Necesito tener mi refugio pero no puedo costeármelo ya que el dinero que pueda ganar con las botellas apenas me servirá para comer. Viene a mi mente una familia que tiene un piso grande donde podría quedarme. Sé que son alcohólicos y que es un riesgo para mí, pero son bastante tranquilos y no necesito vincularme a ellos, solo me hacen falta un techo y una cama cualquiera. No será por mucho tiempo. Voy y consigo que me presten una habitación.

Al día siguiente voy por primera vez a una reunión de Alcohólicos Anónimos. Tengo sed de escuchar, quiero conocer las historias de otros, necesito recibir más palabras que alimenten mi esperanza. No logro abrir la boca: cada vez que pienso en mi historia, en las cosas que he hecho y que me han sucedido, me aplasta la vergüenza.

Continúo yendo tres veces por semana y siento que mi vida se desdobla. Cuando estoy dentro de un encuentro de Alcohólicos Anónimos estoy a salvo, pero el resto del tiempo me siento bajo amenaza. A mi alrededor todo sigue su ritmo y los peligros de antes no han desaparecido.

Después de las primeras sesiones me doy cuenta de que tengo que reconocer que soy alcohólica, pero algo dentro de mí sigue negando esa realidad. Siento que es asumir una sentencia de por vida: significa que jamás seré normal.

Siento que mi vida es como una casa que tiene el fundamento torcido y podrido: si sigue así, no podrá nunca mantenerse en pie. Tengo que excavar esos cimientos que se formaron durante mi infancia y construirme una nueva base. No sé si será posible; no es lo mismo criarse y educarse cuando eres una niña que intentar cambiar por completo el modo de vivir a los 23 años. Sin embargo, sé que es necesario. Mi propia voluntad e instinto solo me han llevado a la ruina, es hora de poner nuevos ladrillos que me sostengan.

De pequeña vivía en un pueblo con muy pocos habitantes. Uno como los miles que hay en Rusia, donde no llegaba el transporte público (sólo un barco que pasaba dos veces al día en verano) y no había tiendas ni colegios. No había perspectivas para nadie. Era como una condena perpetua: solo unos pocos lograban escapar de la sentencia de una vida rutinaria y sin esperanzas, que normalmente acababa en alcoholismo. Me crié en una casa de madera que no tenía agua corriente, por lo que debíamos ir a cogerla de una fuente que estaba a unos 500 metros. El aseo estaba fuera de la casa, al lado de los establos, y consistía en un pozo dentro de una construcción precaria.

Vivía con mi mamá, mi abuelo y mi tío, que tenía problemas de salud. Mi madre siempre estaba trabajando y, cada tanto, desaparecía por un tiempo. A veces necesitaba un abrazo o su calor, pero cuando quería meterme en la cama con ella me hacía salir porque decía que estaba cansada. Otras veces era yo la que no quería acercarse porque me daba cuenta de que estaba borracha y me daba asco.

Después de desaparecer, cada vez que volvía, mi madre iba a hablar con los animales domésticos. Cuando la escuchaba disculparse con los animales mientras lloraba, me preguntaba por qué no me abrazaba y me pedía perdón a mí. Sólo años más tarde, cuando tuve mis primeros ataques de vergüenza después de las borracheras, entendí que mi madre no se acercaba a mí porque sabía que yo podía responderle y reprocharle, y tenía mucho miedo de esto.

Nunca asistí a la guardería porque era muy lejos, así que hasta los 5 años pasaba el día en casa jugando con animales. Mi abuelo era un hombre viejo, alto y delgado y siempre tenía las manos frías. Estaba entrando en un estado de demencia y, por las noches, cuando se perdía en el camino a su cama, a veces me tocaba la cara y me despertaba llorando y gritando. Aunque no compartía nada conmigo, siempre estaba en casa y eso me hacía verlo como un ancla que me daba seguridad ante las inestabilidades de mi mamá.

Cuando tenía unos 4 o 5 años apareció un hombre en nuestra familia. Pasó poco tiempo hasta que empecé a odiarlo porque no me trataba bien y por cualquier motivo me castigaba y golpeaba. Además, siempre montaba escándalos y borracheras con mi madre y en más de una ocasión vi que también le pegaba a ella. Cuando la casa se llenaba de gritos, salía y me escondía en la sauna rusa o en los establos entre las cabras y ovejas.

No sé cuánto tiempo habrá convivido con nosotros, pero una mañana mamá por fin lo echó de casa. Era un día de verano muy temprano: ella lloraba pero al mismo tiempo iba detrás de él para asegurarse de que se fuera, no solo de la casa sino del pueblo.

Unos meses después me llevaron a la casa de mi prima Marina, que vivía en la ciudad de Perm. Ella era muy cercana a mi madre y siempre venía a visitarnos. Cuando llegaba era como si un poco de luz entrara en casa; siempre tenía una sonrisa y nos daba mucho cariño. En ese entonces ya estaba casada y tenía un bebé pequeño. Pasé allí unos días hasta que mi madre volvió a buscarme con un bebé en brazos. Me dijo que era mi hermana Taty. La bebé tenía los ojos azules como el cielo y era muy bonita. Yo ni siquiera sabía que mi madre estaba embarazada pero acepté la noticia sin preguntar.

Volvimos las tres juntas al pueblo. La presencia de mi hermana no cambió mucho las cosas: al poco tiempo mamá volvió a su costumbre de beber y desaparecer de casa.

Con 7 años empecé la escuela. La más cercana quedaba en una aldea vecina. Para llegar debía caminar 3 kilómetros de mi casa por un sendero que atravesaba un bosque que en otoño se inundaba y en invierno a veces estaba obstruido por las nevadas. Al inicio no me importó pues tenía muchas ganas de comenzar.

Sin embargo, al poco tiempo me sentí decepcionada. La maestra nos enseñaba el alfabeto pero yo ya sabía leer, escribir y calcular, gracias a mi tío que me había enseñado en casa. Cuando pasé a segundo grado seguía estando más avanzada que mis compañeros así que decidí no gastar mi tiempo en ir hasta la escuela. Por las mañanas salía de casa y emprendía el camino en esa dirección, pero luego de la primera montaña de heno me desviaba y encontraba un lugar tranquilo para sentarme. Hacía algunas tareas, escribía en mi cuaderno lo que a mí me daba la gana y unas horas después volvía a casa.

Un día la profesora fue a mi hogar a preguntar si yo me encontraba bien. Mi madre no entendía la pregunta y así se enteró de que yo no iba a la escuela desde hacía más de dos semanas. Se quedó sorprendida y le dijo que yo iba a clases todos los días, volvía a la hora correcta y luego me quedaba a hacer unos deberes. La maestra le pidió ver mis libros escolares y se dio cuenta de que no sólo estaba al día, sino que por mi cuenta había adelantado un mes de programa. Yo estaba calladita, imaginando lo que vendría después. La maestra me preguntó:

—¿Vienes mañana al cole?

Asentí con la cabeza y se fue. Luego, mi madre me persiguió por toda la casa con una comba de plástico. A ella le daba igual si yo estudiaba o no, pero el hecho de que alguien hubiera venido a casa a preguntar le había generado estrés y quería descargarse. Recibí unos cuántos latigazos. A partir de ese día no falté más al colegio.

Un día vino a mi casa un hombre al que yo conocía como tío Valeri. Mi madre me contó que él era mi padre biológico y que se quedaría a vivir con nosotras. Él me pidió que lo llamara papá, pero mi lengua no se movía para pronunciar esta palabra sagrada porque para mí él era alguien extraño. No duró mucho. Cuando se acabó la borrachera que lo había traído, volvió a esfumarse de nuestras vidas.

Tenía unos 9 años cuando ví a mi madre llorar y desgarrarse como nunca antes lo había hecho. Mi tío había pasado la noche trabajando como guardia y, en algún momento, había tenido un ataque epiléptico y se había atragantado. Lo encontraron muerto cuando fueron a hacer el relevo.

Al día siguiente nos llevaron al pueblo cercano donde hicieron el sepelio. Jamás olvidaré la imagen de mi tío muerto en el cajón. Sentí que una parte de nuestra frágil familia se había desprendido y que cada vez estábamos más a la deriva.

Cuando tenía unos 10 años me avisaron que había muerto mi padre biológico, pero esa vez ninguna de nosotras lloró. Yo prácticamente no lo conocía. Poco tiempo después nos abandonó también mi abuelo y ahí sentí que la soledad nos acechaba.

Cuando quedamos las tres solas en casa, en los momentos en que mamá desaparecía durante unos días, yo me ocupaba de alimentar y cuidar a los animales que teníamos en el establo. Cuando tuve que ordeñar las cabras por primera vez, con diez años de edad, mi madre no estaba para enseñarme, así que lo hice imitando las imágenes que tenía en mi mente de ella y mi abuelo haciéndolo. Sentí miedo y repulsión. No me había dado cuenta hasta ese momento que los animales sufrían cuando no eran ordeñados a tiempo. Las ubres estaban a punto de romperse, así que empecé a extraer la leche poco a poco. Cuando por fin terminé, la cabra puso la pata en el manillar de la olla y derramó toda la leche al suelo. Me frustré mucho pero al menos sabía que el pobre animal ya no sentía dolor.

Para darles de comer a los animales tenía que subir al techo y, desde allí, echar heno en los corrales. No había luz en el establo y en las mañanas de invierno era todavía oscuro, así que me daba mucho miedo. A veces también bajaba al sótano para coger verduras, luego las hervía y se las daba.

En esa época empecé a conocer otros niños porque muchas familias de Perm empezaron a llegar a nuestro pueblo a veranear. Me encantaba ver gente nueva, pero, a la vez, me sentí más expuesta. Algunos padres eran crueles y les prohibían a sus hijos jugar conmigo y con mi hermana porque mi madre era alcohólica. A pesar de eso, nos acercábamos y jugábamos cuando nadie nos veía, pero más de una vez escuché frases como: no va a salir nada bueno de estas niñas.

En ese entonces fui más consciente de los episodios de borrachera de mi madre y por primera vez sentí vergüenza por mi familia y por mí misma. Me prometí nunca tomar alcohol.

A veces fantaseaba con alejarnos de casa. Un día tomé las monedas que tenía en la hucha, cogí a mi hermana pequeña y me la llevé a coger un barco para ir a un parque de atracciones en otro pueblo. Era una travesura y, a la vez, una prueba piloto de cómo podría ser escapar juntas.

A esa edad empecé a pasar más tiempo fuera de casa junto con una amiga. Íbamos a unos establos donde había caballos, nos colábamos en los corrales y comenzábamos a peinarlos, a hacerles trenzas, a jugar con ellos.

Un día montamos uno de los caballos, lo sacamos de allí y fuimos hasta la casa de mi madre. Apenas nos vio, nos gritó que devolviéramos ese caballo así que dimos la vuelta y nos fuimos. Sin embargo, no queríamos devolverlo todavía porque tenerlo con nosotras nos daba mucha felicidad.

Esa noche atamos el caballo afuera y dormimos en la sauna. Al día siguiente fuimos al bosque más cercano para seguir disfrutando nuestro paseo. Cuando oímos el sonido de un tractor nos desviamos de la carretera porque nos dimos cuenta de que nos estaban buscando. Reíamos sin parar de nuestra travesura, montando ese caballo nos sentíamos libres y felices. Al final nos pilló el padre de mi amiga y nos llevó a casa. Nos prohibieron acercarnos a los establos para siempre y nuestra amistad empezó a estar bajo control.

Cuando llegó el momento de comenzar la secundaria, la escuela más cercana quedaba en un pueblo de balneario a 12 kilómetros. No había transporte público y ya no era posible hacer la distancia a pie, así que me ingresaron en un internado. Pasaba allí toda la semana y el sábado y domingo volvía a casa. Cuando llegaba, a veces encontraba a mi madre, y a veces no. A veces ella salía a hacer la compra y en el camino se quedaba en casa de un vecino a beber. Iba a buscarla para rescatar a mi hermana y traer la compra a casa.

***

Me mudo a la casa de mi tía de nuevo, después de haber pasado un tiempo corto en el piso comunitario. Allí, un día viene de visita mi prima Marina. Hace años que no la veo porque ella ha estado en la cárcel por robo y ahora vive en un monasterio. Dejó el alcohol y se mantiene resguardada del mundo real en ese lugar. Después de conversar un poco con ella, me doy cuenta de que está muy distinta, y veo que transformó su obsesión por el alcohol en obsesión por la religión. Es de lo único que me habla: me dice que solo en la iglesia ortodoxa voy a encontrar la solución para mi vida. Yo quiero contarle sobre aquella noche en la estación de autobuses, sobre Alejandro y alcohólicos anónimos, pero ella no quiere escucharme, solo busca convencerme de su verdad. Finalmente acepto ir a pasar unas semanas con ella al monasterio. Está a unos 300 kilómetros de Perm, en plena naturaleza, al lado de un río. En este sitio, donde Marina encuentra su refugio, hay otras personas parecidas que buscan un remedio en la religión, cada uno tiene su pasado duro. Allí hay un huerto grande y animales para garantizar la autosuficiencia. Todo el ritmo de vida está supeditado a un horario fijo y continuo y allí cada uno sabe lo que tiene que hacer, así que todo funciona bien a nivel organizativo.

Paso un par de semanas observando y lo que noto es que, a pesar de que es un sitio que debería estar libre de pecados, éstos siguen floreciendo. Las mentiras, envidias y críticas siguen latentes. En el mundo real los pecados de la gente son inconscientes, pero aquí hay conciencia y, sin embargo, los siguen cometiendo. La hipocresía me desestabiliza, veo que no es el refugio que me había prometido. Vine sin expectativas, pero resulta que no es un lugar donde podría ni siquiera existir, sobrevivir y, mucho menos, ser feliz.

Cuando vuelvo al mundo real el impacto que recibí hace su labor. Siento una gran tristeza y no sé por qué. Estoy totalmente desequilibrada. Acudo al alcohol para aliviarme, sabiendo que es lo incorrecto y sospechando que esto no resolverá mi situación. Paso unos días sin consciencia hasta que me despierto y siento culpa. Logro detenerme a tiempo. Cuando vuelvo a ver a mi prima, soy clara:

—Si quieres que sigamos relacionándonos, no me presiones más. Tu has alcanzado tu salud evitando los peligros, yo enfrentándome a ellos. Hemos alcanzado lo mismo con distintos caminos.

Ella acepta continuar la relación sin presiones y sin salvaciones.

Recupero mi pasaporte y consigo un trabajo. No me es difícil obtener un empleo pero son todos temporales, precarios e inestables.

Tras una visita a la casa de mamá, invito a mi hermana a vivir conmigo. Ella tiene 17 años y todavía no tiene empleo. Aunque no hemos compartido tiempo juntas desde hace mucho, saber que tendré su compañía me alegra. Alquilamos una habitación para dos. Yo voy al trabajo y ella comienza la búsqueda de empleo. Normalmente, los fines de semana ella vuelve a la casa de mamá. Yo lo hago menos. Un domingo por la tarde, ella vuelve y yo voy a buscarla a donde llega el barco de pasajeros que viene desde nuestro pueblo. Ella baja con una caja de cartón y, con una sonrisa, me dice:

—Mira lo que tengo.

Abre la caja y veo a una bolita de pelo rojo, parece un ser medio muerto. Era un gatito delgado que estaba en un estado pésimo.

—Mamá quería matarlo porque decía que no sobrevivirá pero yo creo que sí, así que lo traje para que lo cuidemos.

A pesar de los pequeños roces que tenemos, mi hermana trae ternura a mi existencia y siento que puede ayudarme a mantenerme lejos del infierno por el hecho de que es mi hermana menor y me preocupo por ella.

Durante semanas se dedica a ir a la clínica de los humanos para hacer atender al gatito. Lo desparasita, lo cura y lo alimenta, hasta que deja empieza a ponerse sano y bonito y se convierte en un compañero fiel para nosotras.

No es la primera vez que vivo sola con mi hermana, ya habíamos compartido un piso en la ciudad balneario cuando teníamos apenas 15 y 8 años. Yo había empezado la secundaria en 1988 y, dos años más tarde, cuando mi hermana tuvo que empezar la primaria, le sugerí a mi madre que la trajera a vivir conmigo. Sabía lo duro que era para una niña pequeña caminar 3 kilómetros sola para llegar a la escuela y no quería que ella tuviera que hacerlo. Además, en el internado teníamos más control y se aseguraban de que hiciéramos los deberes, durmiéramos y comiéramos bien. El Estado nos cubría los estudios, la vivienda y la alimentación.

Estuvimos allí juntas por un tiempo pero con la caída de la URSS y la crisis económica el internado cerró por falta de presupuesto. Enviaron a todos los niños a sus casas y pusieron transportes públicos desde y hacia los pueblos cercanos de donde venían más niños, pero de nuestro pueblo solo éramos nosotras dos, así que no nos dieron esa solución. Cuando convocaron a mi madre del colegio para explicarle la situación le dijeron que nos cubrirían el gasto de una habitación alquilada para que no nos quedáramos sin estudios. Mi madre aceptó y con mi hermana nos mudamos a una habitación. Cambiamos varias veces de casa a lo largo de los años de estudio.

Con 15 años me encontré sola con una libertad que no sabía cómo manejar. Los dueños del piso no se ocupaban de nosotras, pues no era su obligación y ya no teníamos el control de los tutores del colegio. Compartía algunos momentos con mi hermana, pero también empecé a tener mi vida con mis paseos y noches de discoteca.

En una de esas salidas me hice amiga de Anastasia, una chica que tenía 18 años. Ella estaba saliendo con un chico y me presentó a un amigo de él. Empezamos a salir los cuatro juntos. Ellos eran todos mayores de edad y podían entrar a determinados lugares y tomar alcohol; aunque yo era menor, lograba hacer lo mismo por estar en grupo. Un día, en una fiesta, me pelee con este chico y me fui. Él vino detrás de mí y me llevó a casa. Esa noche perdí mi virginidad. El sexo me pareció algo asqueroso y me preguntaba por qué la gente lo hacía. El chico siguió buscándome pero yo no tenía ganas de verlo, así que le pedí a Anastasia que le hiciera entender que debía dejar de perseguirme.

Más tarde, mi amiga Anastasia se casó, quedó embarazada y nuestra relación se distanció poco a poco.

En el último año de bachiller me hice amiga de Anna, una compañera de clase. Al principio nos juntábamos a tomar café antes de ir a la escuela. Cuando los padres se marchaban a las 7.45 a trabajar, yo llegaba. Su madre era dentista y su padrastro era economista por lo que tenía un nivel económico alto y estaba acostumbrada a cumplir todos sus caprichos y a pasar mucho tiempo sola. Una mañana empezamos a incorporar a nuestro café un poco de coñac u otras bebidas fuertes que encontrábamos en su casa. Luego íbamos a la escuela caminando por el balneario, hablando sobre el sentido de la vida. La escuela empezaba a las 8 y cuarto, pero nosotras llegábamos después de las 10 y nos perdíamos la mitad de las clases.

Cuando quedaban tres semanas para terminar el año mi tutora me dijo:

—Balandina, por todo lo que has faltado tienes medio año de deberes pendientes. Si no lo recuperas, no te vamos a dejar hacer los exámenes finales de bachiller.

Durante las siguientes tres semanas me dediqué a estudiar y a recuperar todas las actividades que no había hecho. Pillaba a los profesores donde fuera para que me concedieran el tiempo para recuperar lo perdido. Algunas me concedieron el permiso para venir a su casa a hacer el examen. A una de las profesoras fui a buscarla al hospital porque estaba ingresada. Tenía un cerebro brillante y conseguí aprobar todo, pero por el retraso me quitaron un punto de cada asignatura en la nota final y esto me impidió tener un sobresaliente.

En esas semanas Anna me invitaba a pasear o a beber y yo le decía que no, y no entendía por qué ella no estaba estudiando si estaba en la misma situación que yo. Luego me enteré de que a ella la habían aprobado con la nota mínima por el prestigio y posición económica que tenían sus padres. Entendí que yo no tenía una mamá poderosa y mi papá ni existía, así que todo en esta vida lo tendría que obtener con mis propios esfuerzos.

Al terminar el bachiller ya no me cubrirían más el gasto de alquiler, así que a mi madre le ofrecieron dos opciones para mi hermana: enviarla a un orfanato o dejarla de lunes a viernes en un internado a 40 kilómetros de casa. El problema del internado era que no había transporte hasta allí y mi madre debía encontrar el modo de ir buscarla los viernes y llevarla los lunes. Como mi hermana sabía que mi mamá no podría hacer ese esfuerzo, decidió por su propia cuenta irse al orfanato.

***

Sigo mi rutina con las reuniones de Alcohólicos Anónimos. Un día conozco a Vlad, un nuevo participante. Me agrada pero como es nuevo en AA, lo observo durante un tiempo antes de acercarme a él. Yo ya no busco amor, necesito entenderme a mí misma. Me invita a salir fuera de las reuniones. Parece estable, veo que lucha igual que yo y, quizás, estar juntos frente al mismo enemigo nos haga ser más fuertes. No he tomado muy en serio las historias que escuché en AA sobre parejas de alcohólicos que no han funcionado.

Nuestra relación se desarrolla muy rápido. Hacemos muchas cosas juntos, como si nos conociéramos de toda la vida.

Tras un tiempo me invita a vivir con él y me dice que puede venir también mi hermana. Nos mudamos y comenzamos una nueva rutina de familia. Él trabaja y yo llevo la casa. A mi hermana le propongo que haga una formación profesional.

Unas semanas más tarde empiezo a notar inquieto a Vlad, pero trato de no preocuparme. Me digo que debe estar cansado. Está trabajando mucho y por eso está faltando también a las reuniones de AA, a pesar de que yo le recuerdo que es muy importante participar de los encuentros porque el enemigo nunca duerme. Él ríe y dice:

—Cariño, tú estás sobria por los dos y me recargas de mucha energía.

No me convence porque sé que cada uno tiene que luchar por sí mismo.

Un viernes me dice que tiene que le ha surgido un viaje urgente por el fin de semana para llevar una mercancía del trabajo. Nos despedimos con un beso y se va. Yo estoy tranquila esperándolo.

El domingo por la noche no vuelve, el lunes tampoco, y empiezo a preocuparme. Su teléfono está apagado.

No sé qué pensar. Me alejo de los pensamientos malos que me dicen que pudo haber tenido un accidente en el camino.

Unos días más tarde viene un vecino y me dice que Vlad está desde el viernes en otra casa en el mismo edificio, emborrachándose junto a un amigo. Lo vio salir para comprar alcohol. Me siento otra vez adentro de una pesadilla, me enojo conmigo misma por haberme relajado y haber bajado la guardia.

Cuando regresa, trae unas botellas en sus manos. Todavía está borracho y se desploma en el sofá. Le quito las bebidas y las escondo. Cuando se despierta, intento llamar a su conciencia y comunicarme con él para explicarle que tiene que recuperarse. Qué tonta que soy, se me ha olvidado lo agresiva que soy yo cuando me quitan las bebidas. No debería haberle quitado el alcohol ni intentar hablar con él. Cuando siente la presión, empieza a insultarme y nos echa a la calle a mi hermana y a mí. Son las 8 de la noche y es invierno. Supero rápido el estado de shock.

Llamo a unos compañeros de AA y les pido ayuda. Uno de ellos me dice que podemos quedamos un par de noches en su casa, hasta que resolvamos nuestra situación. Estoy furiosa conmigo misma. No estoy preparada para convivir con alguien. Tengo que sumergirme más en el programa y trabajar mejor para evitar estos riesgos y ser más resistente. Mi objetivo es combatir a mi enemigo.

Una semana después llamo a Vlad para acordar un día para ir a buscar mis cosas a su casa. Me atiende el hijo y me comunica que su padre murió porque su corazón no aguantó la última borrachera. Me dice que él puede darme mis cosas, así que voy a la casa donde viví con Vlad. Al entrar se me eriza la piel. Es la primera vez que veo una muerte causada por el alcohol pasar tan de cerca que casi me roza. De repente me acuerdo del diagnóstico de Igor. Lo primero que pienso es en llamar y preguntar si sigue vivo, si está bien, aunque eso es poco probable. Alcohol, drogas y VIH es una cóctel muy peligroso.

En los días siguientes un pensamiento me persigue: ¿estaré yo también contagiada? Reúno el coraje y voy a un centro de salud a hacerme una prueba. La espera se convierte en un horror; me doy cuenta de que no quiero morir. Cuando vuelvo por la analítica, es perfecta: no solo no tengo VIH sino que todos mis valores están bien. Mi organismo se ha recuperado. Me pregunto quién me protege, qué hice de bueno para que esa fuerza invisible me diera una oportunidad. Esto me da fuerza, aunque todavía no tengo la certeza de que las cosas irán bien.

Sigo con mis intentos de sobrevivir, cambiando de trabajo constantemente. Sueño con retomar mis estudios pero estoy en un círculo cerrado. Con la situación de mi país esto es imposible.

Consigo trabajo en un almacén de droguería. Es un trabajo sacrificado porque debo moverme para ofrecer productos y paso mucho tiempo en la calle. Estoy expuesta al frío, al calor, a la lluvia y a la tierra. Me siento como un perro sin casa.

Empiezo a acudir con más fuerza a las reuniones de AA. Necesito escuchar más historias, conocer más personas que, como yo, intentan salir de esta condena. Tres veces a la semana ya no es suficiente, así que comienzo a visitar otras sedes. Recorro kilómetros cada semana para ir a reuniones en otras ciudades. La presión del mundo exterior no disminuye y no sé cómo manejarla, así que sigo refugiándome en este universo donde hay gente que me entiende y, con su existencia, me hace sentir a salvo.

Un fin de semana, en una reunión grande en otra ciudad, conozco a un hombre que tiene unos 10 años más que yo. Conversamos, nos caemos bien e intercambiamos números. Cuando nos despedimos, me invita a visitarlo a su ciudad que está a 900 kilómetros de Perm. No lo tomo como una broma, parece un hombre solvente. Seguimos comunicándonos. Él me reitera la invitación y me propone comprarme los billetes para que viaje a verlo. Me hace ilusión, pero no es él lo que me resulta más atractivo, sino la posibilidad de viajar, ver nuevos sitios y despejarme de la rutina.

Las visitas se convierten en viajes de cada fin de semana. Paso todas las noches de los viernes y de los domingos durmiendo en un tren. En estos viajes reflexiono. ¿Por qué hago estos grandes recorridos? Él me atrae pero no estoy enamorada. Después de haberlo observado todo este tiempo pienso que, quizás, podemos formar una pareja porque él lleva años estable y sin consumir. Por otro lado, tiene su negocio propio y no trabaja tantas horas. A su lado podría gozar de una posición socioeconómica mejor y mantenerme lejos del problema.

Después de algunas semanas empiezo a notar que es algo dominante. Siempre quiere que haga lo que él me dice y esto empieza a incomodarme. Comienza con sutilezas, como forzarme a comer algo que no me gusta. Después me presiona para hacer determinados planes o, incluso, para tener relaciones sexuales cuando no tengo ganas y de maneras que no me agradan. Me doy cuenta de que su presión me afecta y me llena de sentimientos contradictorios. Sorprendentemente mantengo esta relación un tiempo más. Parezco una masoquista, tengo que salir de esto. Pero antes tengo un plan: necesito un abrigo y quiero uno caro. Cuando las temperaturas bajan, sigo yendo a su casa con una chaqueta de otoño. Me pregunta, preocupado, si no tengo un abrigo mejor. Le digo que no y que no tengo dinero para comprarlo. Haciéndome la tonta, le digo que he visto uno pero que es muy caro y con mi salario no llego. Para él no es un problema, así que me da el importe necesario. El monto es tres veces mi salario; no le he mentido. Compro el abrigo que quería y, a partir de ahí, empiezo a disminuir mis visitas. Primero pongo excusas: que estoy enferma o que trabajo el fin de semana. Después de un mes, empieza a reclamarme y, con su enojo, me da la razón para dejarlo. Me entiende. También tiene su orgullo y hasta aquí hemos llegado.

Cada vez que me pongo el abrigo, pienso: de una oveja negra hasta un mechón de lana.

Ya llevo cuatro años consciente desde aquella noche del 2000. He tenido pequeñas recaídas, pero he logrado salir pronto.

Un día entro a una tienda a comprar algo y descubro que la dependienta es mi vieja amiga Anastasia. Ambas estamos alegres de reencontrarnos. Me cuenta que se está separando y que tiene niño de 7 años. Retomamos la amistad y empezamos a salir juntas los fines de semana. Le cuento de mi pasado, de los años de abstinencia que llevo y me ayuda a divertirme sin beber.

Una noche conocemos a dos hombres. Son militares de alto cargo y son mayores que nosotros. A estas alturas sabemos que deben ser casados, pero a mí, al menos, no me importa. Después de las relaciones tóxicas e inútiles que tuve, prefiero estar con alguien que sé que no me va a reclamar ni exigir nada. Empezamos a tener encuentros cada tanto sin pretensiones ni expectativas. Es un pasatiempo agradable.

Un día, un compañero de trabajo nos dice a todos los empleados que su mujer es encargada en el banco y que si necesitamos sacar un crédito, puede ayudarnos. Hace tiempo tengo la idea de tener un auto. Me tiento, cojo el préstamo y compro mi primer coche en un mercado de segunda mano con ayuda de un amigo que me asesora y que, se supone, que entiende de automóviles.

Tengo que sacar el carnet lo antes posible. En dos semanas estudio y apruebo el examen teórico. Sólo queda el examen práctico. Me lleva mi militar a dar la prueba. En el aparcamiento paralelo tumbo más de la mitad de los conos. Fracaso rotundo. Es aquí donde mi militar me hace un favor. Se acerca vestido con su uniforme al chico que hacía el examen y le dice:

—Oiga, en realidad esta chica sabe conducir. Sólo se puso muy nerviosa. Vamos a ponerle aprobado.

El examinador tiene un rango mucho más bajo así que no tiene otro remedio. Así consigo mi carnet. Me voy contenta pero con prudencia.

El coche es muy viejito, pero no me importa, es mío. Cada dos por tres debo ir al mecánico, pronto me doy cuenta de que el vendedor me ha engañado y mi amigo es un imbécil que no entiende nada. El estado del coche es mucho peor del que pensé, pero me hago la tonta y no lo acepto: estoy harta de desilusionarme.

Los fines de semana vamos con mi hermana al pueblo de mi madre. Pasamos tiempo con ella, la ayudamos y le llevamos alimentos de la ciudad. En una ocasión, cuando estoy a solas con mamá, noto que está diferente. Creo que ha envejecido, pero cuando le hago un comentario, ella me dice que por el trabajo que hacía con cloro se le había despertado un hipertiroidismo. Pienso que los años de alcoholismo también hicieron lo suyo, pero no le digo nada porque no soy la persona indicada para reprochar nada. En cambio, me siento enfrente, la cojo por las manos que están tan deterioradas por el trabajo duro y le digo, mirándole a los ojos.

—Mamá, tienes que cuidarte.

Me mira con una semisonrisa y los ojos humedecidos. Sigo:

—Mamá, quiero que vivas muchos años sana y quiero agradecerte ahora mismo por una sola cosa, que es haberme dado la vida. No importan las herencias, todo lo que necesite lo conseguiré yo. Gracias a ti estoy respirando. Cuídate mucho, por favor.

Bajo del taburete y me siento a sus pies. Me abrazo a sus piernas y susurro:

—Perdóname por las noches sin dormir y por los dolores de cabeza que te he ocasionado. Hasta mi último aliento te estaré agradecida, tanto que estoy dispuesta a besar las huellas de tus pasos.

Creo que toda madre sueña con oír estas palabras; el reconocimiento del valor de la maternidad y de la importancia de haber recibido el regalo de la vida, independientemente de las circunstancias materiales.

A veces nos damos cuenta de esto sólo cuando perdemos a nuestros padres y ya no tenemos posibilidad de expresarlo. Mi madre ha oído estas palabras estando viva.

Perdonar a mi madre y mi infancia me hace respirar con algo más de libertad. Unos culpables menos. Mi trabajo interno me iba sacando de mi posición de víctima eterna y estaba empezando a aflorar mi responsabilidad por mi propia vida.

Reflexionar sobre mi infancia y sobre mi madre me trae a la mente mis posibilidades y deseos de tener un hijo. Cuando recuerdo todo lo que he hecho y vivido, llego a la penosa conclusión de que jamás seré madre. Pienso que este es el castigo por mi pasado o, más bien, el precio que tengo que pagar por tener otra oportunidad de seguir viva en este mundo. En los últimos años, aunque he tenido relaciones sin protección, no he vuelto a quedar embarazada. De todas maneras, aún no estoy completamente sana mentalmente ni preparada para traer un hijo al mundo. No tengo idea si podré ser la dueña de mi propia vida algún día.

Tiempo después me reencuentro con un amigo de mi infancia que solía ir con su familia a mi pueblo a veranear. Nos vemos de vez en cuando y surge entre nosotros una caricatura de relación. Cada uno mantiene su vida y hace lo que se le da la gana, sólo disfrutamos los momentos compartidos sin pretender nada más. En silencio y por separado alimentamos nuestros sueños de cómo podría ser una vida en común, pero ambos sabemos que la sombra de mi pasado impedirá que esta relación tenga la aprobación por parte de su familia y él, a comparación conmigo, está muy pendiente de los lazos familiares. Sé que si tiene que elegir, la balanza no caerá sobre mi lado. No lo hablamos nunca, pero sé que la gente no me ve como a una persona enferma sino como a alguien que tiene malos hábitos y una moral degradante.

Los fantasmas de mi pasado me siguen en cada área de mi vida, ya sea por la aparición de personas que conocen mi pasado o a través de los lugares que remueven mis memorias. Esta lucha me agota.

Lo único que me impulsa a estar lúcida es el miedo instintivo a la muerte. Me mantengo alejada del alcohol porque quiero seguir viviendo, pero ni siquiera sé para qué. Actúo solo bajo el temor y un autocontrol rígido:

esto me permite no recaer, pero agota todas mis fuerzas y desgasta mi voluntad.

Cuando pensaba que nada podía ser peor, la empresa donde trabajo cierra repentinamente y me quedo sin empleo de un día para el otro. Le pido ayuda a mi amigo Victor y permite que mi hermana y yo nos mudemos a su casa. Nuestro gatito, que ahora es grande y dulce, viene con nosotras. Victor odiaba los gatos, hasta que lo conoció a él.

Empiezo a trabajar como taxista con mi propio coche y a brindar servicios como manicura, ya que un tiempo atrás había hecho un curso. Esos ingresos me alcanzan para comer, pero no para pagar el crédito del coche, así que un día decido venderlo para cancelar mi deuda.

Sigo yendo a Alcohólicos Anónimos todas las veces que puedo, pero empiezo a sentir que la recarga de gasolina emocional que me proporciona cada reunión ya no es suficiente para la vida cuesta arriba que tengo.

Un día voy a visitar a mi prima al monasterio en Perm, donde vive ahora, y encuentro a una mujer, Madre María, que me dice que se acuerda de mí porque había sido mi madrina cuando me habían bautizado en la casa de mi tía, con 12 o 13 años. Me acoge con cariño y empiezo a visitarla de vez en cuando. Ella me mira y logra tranquilizarme en los momentos en los que me siento exaltada. No sé por qué, será porque es una persona pura.

Sigo viéndome con Anastasia y, en la primavera de 2005, una noche vamos al cine a ver una película de Hollywood. Cuando salimos de la función, le digo:

—Ese actor me gusta mucho. ¡Un día iré a buscarlo a Estados Unidos!

Ella me mira y me responde:

—Si me lo dijera otra persona, lo tomaría como una tontería y me reiría mucho, pero conociéndote, creo que un día lo harás.

Con esa broma sin sentido, aparece en mí la idea de salir del país. Es como una semillita que se planta muy dentro mío.

Unas semanas después en la calle veo un cartel grande que ofrece visados a Estados Unidos. Me entero de los requisitos que he de cumplir para obtenerlo. Estoy tan lejos de poder lograrlo como la luna está de la tierra.

Tengo casi 28 años y no he logrado nada: mi vida social y mis relaciones con hombres han sido hasta ahora un fracaso. Quizás no estoy en el lugar correcto e irme de aquí sería la mejor decisión.

En esas semanas veo un anuncio de trabajo para una distribuidora de vino. Sé que sería estar demasiado cerca de mi enemigo, pero tal vez usarlo para ganar dinero sea mi forma de vencerlo. Me presento, me aceptan y me dicen que antes de empezar debo hacer un curso de formación.

Al mismo tiempo veo una oferta de trabajo en España. El anuncio dice que buscan chicas jóvenes de hasta 30 años de aspecto atractivo para un bar de consumiciones. No entiendo bien de qué se trata, tengo la intuición de que pueden estar hablando de algo ilegal, pero decido tomar el riesgo. Me presento, me toman unas fotos y me explican que la jefa es una chica de Perm que casó con un español y por eso puso el anuncio en esta ciudad.

—No tengo dinero para viajar ni para visados —le advierto, en seguida.

—Si te cogemos, nosotros pagamos todos los gastos —me explica—. Lo único que necesitas es llegar a Moscú. Luego descontaremos lo que hemos pagado de tus primeros salarios.

La oferta, las fotos y las características que piden me hacen estar casi segura de que se trata de prostitución encubierta, pero estoy dispuesta a correr el riesgo. Después de lo que viví nada peor puede pasarme. Quizás este es el puente para salir del país y en un futuro cumplir el sueño de ir a Estados Unidos, pienso.

Me llaman para decirme que en agosto debo ir a Moscú a buscar mi pasaporte con el visado y, desde allí, marchar. Agradezco y confirmo que iré.

Días más tarde reúno a mi familia y les cuento que me voy a ir. Hablo con cuidado para que no sospechen lo mismo que imagino yo. Sigo teniendo algo de vergüenza y miedo pero, a la vez, estoy convencida de mi decisión. Les digo que me voy por un año con visado de trabajo. No hacen demasiadas preguntas. Ni siquiera me prestan mucha atención.

También voy a despedirme de mi madrina la Madre María. Con ella me siento más expuesta y no me atrevo a decirle que voy a trabajar. Le digo que me voy de vacaciones y que volveré en dos semanas. Ella me mira y vaticina:

—No volverás.

—Sí, vuelvo en dos semanas.

Luego de un silencio, me hace una propuesta:

—Te doy mi coche, te doy vivienda y te contrato como mi chofer personal. Pero quédate, sino sé que no volverás.

—Gracias, madre, pero no se preocupe, volveré en dos semanas —le prometo, sin querer aceptar que ella sabe más.

Preparo mi maleta con ropa, mis instrumentos para hacer las uñas y 300 euros, que es todo el dinero que tengo. Mi hermana decide que se irá a vivir y a trabajar a un orfanato ortodoxo en una ciudad cerca de Moscú.

Me despido de ella, de mamá, de Victor y de nuestro gatito que se quedará con él.

Viajo hasta Moscú, busco mi pasaporte y, unas horas más tarde, subo a un vuelo hacia Madrid. Esta noche, 5 de agosto de 2005, aterrizaré en un nuevo país.

El avión despega y, después de unas horas, puedo divisar debajo de mí el territorio español. Tengo la sensación de que es un país lleno de luz. Soy consciente de que estoy corriendo riesgos y de que lo que me espera no es un cuento de cenicienta, pero dentro mío brilla una pequeña ilusión de poder empezar de cero.

Capítulo 3

Salto a la nada

"Yo soy yo y mi circunstancia,
y si no la salvo a ella, no me salvo yo"
José Ortega y Gasset

Aterrizo en Madrid después de medianoche llena de incertidumbres, temores y de euforia por lo nuevo. Tengo dudas de las preguntas de los oficiales, no sé cómo explicar qué vine a hacer a España, pero me he preparado una historia. Tengo un visado de Italia y los billetes de regreso son desde Roma a Moscú, así que voy a decir que haré un recorrido por Europa con mis amigos. Sin embargo, cuando paso por migraciones no me hacen ni caso; al ver mi visado me dejan pasar sin más cuestionamientos.

Llego a la sala de arribos. Me prometieron enviar a alguien por mí pero no sé a dónde debería dirigir mi mirada, no sé cómo luce ni quién es la persona que vendrá a buscarme. La sala de llegadas es enorme, nunca he visto un aeropuerto así en mi vida. Empiezo a caminar y una chica me toca el hombro. Debe tener mi edad y está con un hombre que parece ser su marido. Ella se presenta como Natali.

—¿Vamos? —me dice, y me conduce hacia el parking.

Una vez en su coche, sale del aeropuerto y toma la carretera hacia el sur. Me dice que nos dirigimos a Andalucía y ese nombre me hechiza.

Hacemos una parada para tomar algo y utilizar los aseos. Cuando entro quedo boquiabierta, nunca había

51

visto los sanitarios de una gasolinera tan limpios y cuidados. Me acerco a la barra y me sirven un café con leche. Jamás probé una cosa tan maravillosa, este sabor se queda en mi cerebro para siempre.

Estamos yendo a bastante velocidad pero el sonido del coche es sutil y constante: no se parece al ruido a lata que hacía mi coche viejo en las carreteras maltrechas de Rusia. Me doy cuenta que todo es de mayor calidad a la que estaba acostumbrada. Después de intercambiar pocas palabras con Natali, me relajo y me duermo en el coche. Cuando llegamos a nuestro destino, me despierta. Es ya la madrugada, así que, sin hacer demasiado ruido, me acompaña hasta la que será mi habitación. Me muestra mi cama y rápidamente estoy durmiendo de nuevo, no tengo tiempo de pensar en nada.

Al despertarme me doy cuenta de que comparto la habitación con otras tres chicas. Me saludan y preguntan mi nombre. Les contesto y algunas se presentan también, pero no todas. No insisto, por las circunstancias dadas, no me sorprende. Observo y detrás de la máscara puesta de que todo está bien, reconozco que cada una de nosotras tiene una historia y unas razones para estar donde está: algunas tienen niños pequeños, otras huyen de la pobreza, todas están en la búsqueda de una vida mejor. Algunas lo toleran mejor y persiguen sus objetivos; otras están al límite y en un momento se romperán, no aguantando la presión emocional y psicológica que supone estar aquí. Algunas vuelven y empiezan una vida de cero olvidándose de lo que hicieron aquí. Otras no lo superan y se pierden en el limbo sin personalidad, sin futuro. Solo unas pocas consiguen las metas. Antes de venir sabía que enfrentaría un riesgo excesivo y una experiencia fuerte, pero no tengo nada que perder. Estamos en un pueblo en los alrededores de Almería, casi todas hicimos un largo viaje para llegar hasta aquí.

Al rato vienen a buscarme para explicarme las reglas y mostrarme el lugar. Estamos en un hotel que tiene un bar en la planta baja. Me lo muestran y me cuentan que abre todos los días a las 8 de la noche. Me informan sobre la deuda que tengo con ellos por el pago de los billetes de avión y el visado, me dicen cuánto es el costo que debo abonar por mi hospedaje y que los gastos de comida y vestimenta corren por cuenta mía. Luego me explican cómo es el trabajo: debo conversar con los clientes y beber tragos con ellos; el 70 por ciento de las copas que ellos paguen son para el local y para saldar parte de mi deuda, el otro 30 por ciento me lo darán en la mano al final de la noche. Arriba están las habitaciones donde vivimos y otras disponibles para usar con los clientes. Si quiero ganar más, puedo darles un servicio extra. Les digo que no tengo prisa, y que prefiero trabajar solo en el bar.

Esa misma noche empiezo. Mi español es casi nulo, así que para comunicarme uso un poco de señas y lo que sé de inglés. La mayoría de los clientes son trabajadores de invernaderos de la zona, pero hay algunos que están mejor posicionados económicamente: se puede ver en su ropa y en su porte.

Uno de los primeros chicos con los que hablo me dice que es vecino del bar y que trabaja en un lavadero de coches. Me cuenta que tiene su piso propio, por el que está pagando una hipoteca, y un coche bastante nuevo. Me sorprendo al ver que una persona con un trabajo común pueda tener todo eso. En Rusia, la crisis nos azotaba: mi falta de posibilidades no se debía solo a mi alcoholismo: ningún joven de mi edad podía pensar en progresar económicamente; nos conformábamos con sobrevivir.

Al día siguiente salgo a dar un paseo por la playa. Aunque mi situación no es idílica, estoy en un lugar bonito. Recuerdo al joven que conocí la noche anterior y pienso que si me quedo aquí quizás yo también podré lograr estabilizarme algún día. Pienso que no quiero volver a Rusia dentro de poco, como había pensado antes de partir, quiero quedarme en España e intentar hacer mi vida aquí.

Sigo trabajando cada noche hasta que, unas tres semanas después, ocurre algo extraño. Los dueños del lugar vienen en plena noche y nos dicen que tienen que realojarnos porque alguien ha hecho una denuncia por prostitución y vendrá la policía a hacer una inspección. Cierran el bar y, a mí, junto a otras compañeras, me llevan a otro hotel en la zona. Los rumores dicen que la denuncia la hizo un cliente.

Pasamos unos días en el nuevo hotel sin hacer nada. Nadie nos da información clara sobre qué va a pasar con nosotras. Mila, otra chica que había venido de mi ciudad, decide ir a trabajar a otro sitio similar que encontró a través de un anuncio en un periódico. Antes de irse me deja su número.

—Si necesitas algo, me llamas —me dice.

Sergio, uno de los clientes del bar, se entera a dónde nos llevaron y me contacta. Al inicio me da desconfianza, no sé qué quiere, pero rápidamente me doy cuenta de que es amable y respetuoso. Durante varios días me invita a comer a restaurantes, me hace conocer Almería. Tiene interés en conocer más sobre Rusia, así que, entre gestos, inglés y el poquito de español que empiezo a aprender, conversamos sobre mi lugar de origen. Me ofrece su apoyo, sabe que no estoy en una situación fácil.

Días después uno de los dueños del bar viene a vernos nos explica que la situación está complicada y que tenemos que irnos del hotel donde estamos. "Tenéis que buscarse la vida", nos dice. No entiendo bien lo que está pasando. De un momento a otro me he quedado sin trabajo y sin casa, en un país al que acabo de llegar. Al menos no nos dicen nada de la deuda, pienso. Parece que estamos libres de ella.

Junto mis maletas, los 300 euros que traje y escondí entre mis cosas cuando llegué y mis documentos. No tengo idea a dónde ir. Llamo a Mila, le cuento las novedades y le pregunto cómo se encuentra ella en el nuevo lugar. Me dice que está bien y que necesitan nuevas chicas. Me dice que es un bar en Alicante; me da la dirección y me anima a presentarme para pedir trabajo.

Sergio me da el dinero para el viaje y me promete que va a ir a visitarme. Cojo el autobús y parto: no tengo otra opción ni alternativa.

Cuando llego a Alicante vienen a buscarme con un coche. Dentro está Mila y otra chica, eso me da un poco de confianza. Me llevan al bar.

Al llegar me sorprendo. No es un lugar escondido o subterráneo, como me hubiese imaginado. Se trata de un club que abre las puertas todas las noches y que está ubicado en plena ciudad. Me dicen que puedo empezar a trabajar de inmediato y me presentan a mis compañeras. Hay una chica que no encaja en todo esto: es tímida y su comportamiento no parece ser de este mundo. Se llama Selena. A menudo charlamos, y me cuenta que ya está a punto de marchar. Conoció a un chico y va muy en serio. Quieren irse a vivir juntos. Me alegro por ella y veo una luz: ella no pertenece a este mundo y yo tampoco, espero también encontrar una salida.

Las condiciones de trabajo son iguales al otro lugar, pero el establecimiento se queda un 30 por ciento y a mí me paga 70, ya que no tengo ninguna deuda con ellos y no me dan lugar donde vivir. Conozco a otras chicas que me ofrecen compartir una habitación de alquiler. Me mudo y empiezo mi nueva rutina.

Mi visa ya se ha vencido, estoy ilegal y siento inseguridad. Lo hablo con mis compañeras, entre las que hay varias extranjeras, y me tranquilizan. Me dicen que las opciones para regularizar mi situación son casarme o permanecer tres años empadronada, trabajar ilegalmente para luego ir a arraigo social.

—Si no te metes en ningún lío, la policía no te ve ni te oye —me aseguran.

Decido que seré la ciudadana más ejemplar que pueda haber. La idea de tener que volver a Rusia en este momento es una pesadilla.

Me gusta pasear por Alicante, conocer la ciudad. Aprovecho cada oportunidad para absorber la cultura y el idioma: quiero integrarme y aprender.

Un día estoy caminando por la ciudad y escucho una conversación que no está teniendo mucho éxito, entre un hombre inglés y una señora que vende lotería. Él quiere saber cómo llegar a la estación de tren, pero la mujer no le entiende. Me acerco y le digo:

—Can I help you?

—Yes, please! —me responde con alivio y con un brillo en sus ojos.

Me dice que se llama Mike y tiene que tomar el tren hacia el sur porque su hijo lo está esperando allí. Es un hombre adulto; tendrá unos 30 años más que yo. Le digo que puedo acompañarlo a la estación, pues queda a solo 200 metros y estoy yendo hacia ese lado. Me agradece y, al llegar, me invita a tomar un café. Nos quedamos conversando hasta la hora de su tren. Antes de partir me pide mi número de teléfono y me dice que quiere volver a verme. Pienso que en un rato ni siquiera se va a acordar de mí.

Al cabo de una semana me llama y me dice que había regresado a Alicante. Me sorprendo pero me alegro de escucharlo, me había parecido una persona agradable. Nos encontramos y empezamos a compartir charlas y paseos. Empieza a contarme su vida y sus penas. Carga con un par de divorcios y problemas con sus hijos; su última mujer lo dejó recientemente. Al final me dice que cuando vino a Alicante estaba tan desesperado que estaba pensando en suicidarse, pero que en el momento en que yo le ofrecí ayuda, había encontrado esperanza y una razón de quedarse en este mundo. Me parece dulce y, a la vez, un poco patético.

Por un momento me quedo sin palabras, me parece que estas situaciones solo suceden en las películas, pero aquí estoy yo, sentada en un bar español oyendo a un inglés decirme que yo lo salvé.

Mi lado oscuro se despierta. He vuelto de un lugar donde las almas puras no pisan el terreno. Mirándolo, pienso: es un encanto, una persona muy fácil de manipular y quizás podría obtener un beneficio de esto. Decido que voy a hacer todo lo que haga falta para que se quede atado a mí. Sé que soy joven y atractiva y en mi interior todavía tengo el sello del pasado viejo y gastado. Aunque me propuse hacer un proceso de mejora interna, mi Dorian Gray sigue viviendo dentro de mí.

Empezamos a encontrarnos todos los días un rato para dar un paso o para comer juntos. Le cuento un poco de mí, pero no tan honestamente porque me da vergüenza decirle a qué me dedico y cómo llegué a España. Le doy información poco precisa, respondo a la mitad de sus preguntas, pero parece que no le importa.

Cuanto más me cuenta de su vida, más pienso que es fácil manipular y llevar. Él encontró su refugio en la religión y sus familiares ahora lo rechazan y lo tratan de fanático y loco. Empieza a decirme que yo debería acudir con él y me doy cuenta que realmente es su obsesión.

Pensamientos pasaban por mi cabeza: seducirle y tenerle como perro fiel para toda la vida o cortar ahora. Mi lado oscuro gana.

Lo que para mí era sexo, para él se convierte en una mezcla de sentimientos contradictorios con los que no puede lidiar. Por un lado, ha pecado, porque tuvo sexo sin matrimonio. Se siente culpable.

Empiezo a ver que se obsesiona con salvarme. No puedo decir que me arrepiento mucho de lo que hice, pero la situación se complica. No puedo predecir a dónde van sus acciones.

En el trabajo conozco a Nacho, un cliente. Es alegre, divertido y empieza a mostrar interés por mí. Al principio me brinda gestos de atención en el local, pero luego me invita a salir por fuera del club y también me invita a quedadas con sus amigos. Me gusta tener vida por fuera del trabajo, y también me agrada Nacho.

Todavía Mike está aquí. Una noche Mike se presenta en el bar porque me ha estado siguiendo y ha entendido que trabajo ahí. Su cara es de desesperación, sufrimiento. En contra de todas sus reglas, me paga unas copas para poder hablar conmigo. Al día siguiente me llama y me dice que no debería hacer este trabajo.

—Quiero dejarlo, pero dame tiempo, no me persigas.

La conversación se tensa cada vez más.

—Estoy dispuesto a denunciarte para que te echen del país —me dice— Luego iré a buscarte a Rusia para que estemos juntos y tu estés libre.

Lo que para él era acto de misericordia y amor, para mi era una amenaza directa. Mi ira se desencadena. ¿Tu quién eres? ¡Desaparece de mi vida, o te aniquilaré! —le digo conteniendo mi furia.

Dejamos de hablar y él vuelve a Inglaterra.

Un día llego a casa y me entero de que la dueña había discutido con mis compañeras de habitación y las había echado. Me dice que yo puedo quedarme porque no doy problemas. Sin embargo, siento el temblor bajo mis pies, otra vez esa sensación de que todo se puede caer de un momento a otro.

A pesar de las ansiedades e inestabilidades, logro mantenerme sin probar alcohol. En el trabajo tomo zumos, algo extraño para un ambiente nocturno. Los dueños no me hacen ningún problema, pero algunos clientes me preguntan por qué no tomo alcohol o insisten en hacerme probar bebidas. Mi respuesta es contundente:

—Lo que está adentro de la copa es lo de menos, tú pagas por el tiempo que estás charlando conmigo.

A pesar de que no sufro presiones, me siento expuesta. Sé que no puedo permanecer aquí mucho tiempo, pero por el momento no tengo otra opción. Para ganar un dinero extra empiezo a bailar en el escenario.

Cada vez me vinculo más con Nacho, hasta que empieza a mostrarse celoso de que hable con otros clientes. Me dice que quiere que abandone el bar y se ofrece pagarme la habitación. Le digo que si tiene como ayudarme, yo estaré contenta. Sé que necesito salir de allí y si será con ayuda de Nacho, me da igual.

Comunico que me marcharé del bar. Nadie me pone pegas.

Tengo que empezar una nueva rutina. Me acerco a una tienda rusa que tiene un bar con un tablón de anuncios. Conozco a Mar, que trabaja como camarera allí. Ella se fija en mis uñas y me pregunta:

—¿Dónde te las has hecho?

—Soy especialista, tengo el diploma desde hace unos años y sé hacer uñas de gel, manicura permanente.

—¡Quiero, quiero! —me dice.

Descubrimos que somos vecinas. Me dice que ponga mis datos en el tablón de anuncios de el bar.

También mantengo una amistad con Selena, la chica que conocí en el trabajo anterior, y empieza a ser mi clienta. Conozco también a una chica que se llama Ada y nos hacemos amigas.

Se acerca mi cumpleaños. Llevo en España más de medio año pero me parece que ha sido una eternidad con todos los acontecimientos que han sucedido. Entre el trabajo con las uñas y la ayuda de Nacho, me mantengo. Los fines de semana salimos juntos. Noto que está exaltado y que bebe mucho. A veces me voy porque me canso de verlo borracho. Me dice que pasemos mi cumpleaños en el bar con sus amigos. No me hace mucha ilusión, pero no tengo alternativa.

En plena celebración, sus nuevos amigos me ofrecen tomar alcochol. Estoy cansada y no soy capaz de resistirme. Acepto tomar un chupito brindando por mi salud. Qué ironía tan cruel, una vez más me prometo a mí misma que será solo un chupito y me equivoco otra vez. Una sola gota y mi vida ya está descontrolada. No sé qué pasa después, mi cerebro se desenchufa.

¿Qué pasó? ¿Por qué tengo ganas de vomitar? ¿Por qué siento miedo y temblor? Yo conozco todos estos síntomas. Me levanto. Menos mal, estoy en mi habitación. Voy a buscar el agua. Un movimiento mínimo con la boca me da dolor. Toco con los dedos mi labio superior y lo siento hinchado y no puedo moverlo. Me veo en el espejo y veo que mi boca está morada y estoy irreconocible. Tengo sangre y unos puntos que me molestan por dentro y se asoman por fuera. No recuerdo nada de nada. Salí con Nacho a celebrar mi cumpleaños... y bebí un chupito. Miro la fecha y me doy cuenta que solo he pasado una noche sin consciencia y no una semana. Es un alivio.

Oigo la puerta de entrada. Los dueños del piso están volviendo de un paseo con el perro. Tienen un pitbull. Avergonzada, me asomo y el perro me ve y me saluda. La dueña de casa me mira y me dice:

—¿Ya te despertaste?

—Sí —hago un silencio—. ¿Qué pasó anoche? ¿Monté un escándalo?

—¿No te acuerdas de nada?

—No. ¿He montado un escándalo? —insisto.

—Llegaste tarde. No fuiste directamente a dormir, te metiste en el salón. Escuchamos gruñidos del perro. Nos acercamos y te vemos sentada en el sofá llena de sangre pero callada y algo aturdida. Dijiste que le querías dar un beso al perro, pero él no aguanta a los borrachos. Te llevamos de inmediato a urgencias y te pusieron puntos. En una semana tienes que quitarlos.

—¿Y me movía bien? ¿No me caía?

—Algo más lenta ibas, pero no perdías la coordinación y estabilidad.

—¿No estaba agresiva?

—No, al revés, estabas muy calladita.

Pido disculpas y prometo que no se repetirá jamás.

—Más te vale. La próxima vez no la aguantaré —me dice, seria.

Voy a la habitación y aguanto las ganas de ir a buscar cerveza para calmar la resaca. Como siempre, estoy al borde de perder la vida. El perro, en lugar del labio, me podía haber mordido el cuello.

Joder, Elena, no eres inmortal, pero parece que eres totalmente inconsciente y no percibes el peligro, me decía a mí misma. ¿Por qué sigo haciendo estas cosas?

Nacho me llama. Normalmente tras sus borracheras se despierta muy tarde y, como siempre, con la voz floja de víctima empezó:

—Oye, estoy mal, anoche me dejaste solo. ¿A dónde te marchaste?

Presiento que no sabe nada.

—Que te den por culo, idiota. Déjame en paz, estoy harta de ti y de tus compañías.

Vaya cumpleaños. Algo va mal y tengo que hacer algo al respecto.

Empiezo a buscar un grupo de Alcohólicos Anónimos en Alicante. A pesar del éxito de este movimiento mundial, el problema de alcoholismo sigue siendo más social que médico. Encuentro un grupo y voy sin pensarlo dos veces. Es distinto. A pesar del mismo método y literatura, no tienen la misma intensidad que los grupos de Rusia. Entiendo que vengo de un infierno comparado con otras historias. No consigo recargar energías. Me quedo sola enfrentando mi enfermedad. Comparto mis experiencias en el grupo y les doy esperanza.

Conozco a un chico que me escucha con una sed. Cuando salimos fuera, hablamos por horas y me dice que lo he inspirado. Se va contento. Me siento un poco mejor.

Nacho no cede, le digo que no pienso salir con él de borracheras y nuestras escapadas se modifican un poco. Vamos a pasear por la montaña y la playa. A veces nos encontramos con una pareja de amigos. Estando de bromas, un fin de semana que pasamos en la casa de ellos acordamos hacer un viaje a Galicia. Lo planeamos rápido. 1100 kilómetros de ida y llegamos a Vigo. Nos sentamos en un restaurante. Como unas tres o cuatro docenas de ostras acompañandolas con Coca Cola. Vaya noche. No salgo del baño. Vomito sin parar y Nacho se pierde estando de marcha en un pub cercano al hotel. Ya no como otras delicias crudas. Visitamos Oporto en Portugal y otros pueblos pintorescos. Este cambio de aire me viene muy bien. Al volver sigo con las uñas y con algunos trabajos de limpieza por hora.

Desde hace unos meses recibo mensajes de Mike que me escribe desde Inglaterra para decirme que está triste. No sé qué espera de mí, así que opto siempre por no contestarle.

La situación en la casa se tensa. No soy nadie para jugar las circunstancias de los demás porque no he logrado arreglar mis propias dificultades pero sé que estoy de sobra ahora en esta casa. Un día la dueña me dice que ya no quiere alquilarme la habitación. Con falsa simpatía, me da un ultimátum:

—Eres una chica inteligente y no te perderás por aquí. En un mes tengo mi cumpleaños y no me gustaría que mis invitados se topen con tus maletas.

No tengo dificultades para encontrar una habitación pero mi lado oscuro se ha despertado. Creo que no tengo ninguna culpa y necesito venganza. No tarda en nacer una idea: quiero comprar un ramo de flores en una tienda y, con una tarjeta anónima, enviárselo a domicilio. Escribo "eres lo mejor que ocurrió en mi vida, te esperé una eternidad. Siempre tuyo" y que entreguen este ramo en plena celebración de cumpleaños. Qué pena que no podré ver la reacción y consecuencias. Me calmo con solo pensarlo y sé que no lo haré porque no quiero tener la responsabilidad de los daños. Siempre sabré lo que hice. No quiero ser Dorian Gray, quiero revertir este proceso y recuperar mi alma.

Mudo a una vivienda nueva, a pesar de alquilar solo una habitación, no vive nadie más en este piso que es de dos dormitorios. Disfruto de la soledad. A Nacho tampoco lo dejo entrar: este es mi territorio.

Después del viaje nuestra relación ha mejorado. En agosto Nacho me dice que uno de sus compañeros está buscando una mujer que cuide a su suegra que vino desde Bilbao a pasar el mes de agosto.

Me presento en la casa; es muy bonita y tiene vista al mar. La mujer se llama Rosy y es una verdadera señora, bien vestida y peinada. Me toca cuidar de ella 5 días a la semana. Como tiene problemas de salud y usa silla de ruedas, necesitaba que alguien limpie, cocine y la asista en tareas cotidianas.

En los momentos libres, Rosy me pide que le lea la Biblia. Yo apenas me defiendo con el español y lo que sé lo aprendí en la calle, por lo que la lectura de un texto sagrado no es algo que se me da muy bien. Con mis errores, Rosy ríe más de lo que reflexiona, pero siempre pasamos un momento agradable.

Toda la familia es muy amable conmigo y me tiene paciencia. Un día me llama la hija de Rosy y me dice:

—Elena, hoy tienes que hacer verduras y pechuga de pollo a la plancha.

Para mostrarme responsable, le digo:

—Vale, lo tengo claro. Hago verduras y pechuga de polla.

—De pollo, es po-llo —me repite lentamente, conteniendo la risa.

Tengo mi trabajo, mis clientas de las uñas, estoy contenta.

Entre mis amistades con las que hablo cada tanto, está Selena. Un día me llama:

—Elena, nos hemos mudado. Viene a mi casa.

Me da la nueva dirección y me dirijo a verlo. Tomo el tren. Llego y veo un barrio de Alicante precioso. Tengo que caminar unos 20 minutos hasta su casa. Estoy caminando por una avenida amplia, con árboles violeta en flor y con edificios nuevos y muy bonitos. Es tan tranquilo y acogedor. Miro los frentes de los edificios, y pienso: qué calle tan preciosa, qué árboles tan bonitos, cómo me gustaría vivir en un apartamento luminoso de estos edificios. ¿Cómo podría lograrlo? No lo sé, el tiempo dirá.

Cuando llego a la casa de Selena, mientras le hago las uñas, me dice:

—He encontrado un instituto de formación para adultos. ¿Hacemos juntas un curso para extranjeros?

Le digo que sí y nos inscribimos a los cursos de español.

Cuando le cuento a Nacho, me dice:

—¿Para qué? Estás hablando bien, no lo necesitas.

—Pero quiero hacerlo.

—No quiero que vayas.

—No te estoy preguntando, lo haré —le digo, con firmeza.

Cuando Rosy vuelve a Bilbao pienso que me voy a quedar sin trabajo pero la hija me ofrece ir a limpiar su casa tres veces a la semana. Me da una gran ilusión seguir teniendo un trabajo fijo y que la familia siga confiando en mí. Hasta ahora, Nacho me ayuda un poco económicamente pero yo me estoy independizando cada día más y él se está volviendo cada día más intenso; no quiere que tenga amigos ni que haga otras actividades. Me propone una locura: alquilar un piso y mudarnos juntos. Acepto la propuesta. Dejo la habitación pero digo a propietaria del piso:

—Si esto no funciona, te llamo.

—Eres bienvenida, por cualquier cosa me llamas.

Encontramos un apartamento y Nacho paga dos meses por adelantado. La dueña es un cielo, nos recibe con los brazos abiertos. Efectivamente, desde el principio no funcionó. Nacho aparece rara vez y me visita después de las borracheras para ponerse bien antes de llegar a su casa. Sigue casado y está intentando sentarse en dos sillones a la vez.

Un día llamo a la dueña y la invito a tomar un café. Le explico cómo son las cosas y le pido disculpas por los inconvenientes. Le digo que busque otros inquilinos, que al final del mes voy a dejar el piso.

Esta decisión representa el fin de esta relación. Me voy sin decir nada entre semana, cuando Nacho no aparece. Cambio el número de teléfono para evitar que me contacte. Vuelvo a mi habitación de antes.

Al poco tiempo, recibo un nuevo mensaje de Mike y, esta vez, decido responderle. Necesito recuperar mi autoestima y sé que él lo logra. Volvemos a tener conversaciones largas.

A principio de noviembre aparece en Alicante con una maleta de ropa. No me lo esperaba, porque, aunque él no trabaja, le resulta difícil alejarse de su casa. Le han robado dos veces en su casa y se preocupa.

Aún no está jubilado pero está de baja médica continua desde hace unos años. Él era enfermero en un hospital psiquiátrico y en una guardia lo atacó un paciente. Quiso ahogarlo y lo golpeó contra la pared entonces tiene las cervicales lesionadas. Sufre dolor y toma morfina continuamente. Un día le pregunté por qué no se operaba y me dice que no puede hacerlo porque no puede recibir transfusiones de sangre por su religión. En España se siente mejor de salud, sus dolores se alivian. Y un día me dice que quiere casarse conmigo. Estoy cansada de sobrevivir, me autoconvenzo de que soy capaz de casarme sin amar a una persona solamente dejar que me amen y resolver mis dificultades de legalización, de dinero. Le digo que sí y se va muy ilusionado.

Me dice que quiere que alquile todo el piso para nosotros y que él me va a enviar dinero cada mes. Algo no me convence, pero prefiero no pensar. Sigo mi rutina. Un día, pasando un par de semanas, a finales de noviembre pillo un resfriado.

Pasándolo mal, entro al bar donde antes trabajaba Mar de la tienda rusa. Compro algo y me siento en la barra para charlar con un nuevo camarero. Pido un té.

Al lado de la barra hay unos conocidos que están bebiendo. Al ver que estoy resfriada, insisten en que agregue unas gotas de alcohol al té para mejorar mi estado de congestión. No me resisto. Siento cómo el calor pasa por mis venas. No me importa nada en este momento. No sé si me quita la fiebre porque sin darme cuenta vuelvo a sumergirme en un estado de borrachera como los de antes. Me pierdo por tres o cuatro días. Cuando vuelvo a la sobriedad, tengo un moretón que me cubre media cara. No sé si alguien me pegó o me caí estando alcoholizada. Llamo a la familia con la que trabajo y les digo que estoy enferma y por eso necesito coger la baja por una semana.

No sabía que estando inconsciente había llamado a Mike pero me doy cuenta cuando se presenta en mi casa. Me digo que soy una gilipollas por llamarlo. Estoy seminublada, no tengo ganas de dar explicaciones. Sorprendentemente no me las pide. Pasa conmigo unas dos noches. Dejo de beber y se va con la promesa de acelerar la documentación para que podamos casarnos. Me deja dinero para los trámites que debo hacer y se va.

Me sorprende y me agrada su comportamiento. Quizás pueda funcionar. Y si no, no pasa nada, sobreviviré.

Los próximos meses pasan sin incidencias. Mis reflexiones me llevan a pensar que todas mis recaídas son porque no estoy bien conmigo misma, aunque busco soluciones constantemente. ¿Dónde está el error?

Mientras Mike está en Inglaterra pasamos horas al teléfono y parece que todo va bien.

Para mi cumpleaños viene a visitarme y presentamos nuestros documentos en el registro civil para que los evalúen. Luego vamos a la playa a Benidorm, paseamos por la ciudad, la pasamos bien juntos. Un día compra una alianza y un anillo con diamantes.

Mike me insiste para que vaya con él a las reuniones de los Testigos de Jehová, la religión que profesaba. Acudo un par de veces para complacerlo, pero no me interesa este mundo y intuyo que esto se vuelva un problema.

A principios de abril decidimos visitar Marbella. Disfrutamos la ciudad y la playa; pasamos unos días tranquilos. Volviendo a casa, en la estación de autobuses me hace un escándalo porque me acusa de estar flirteando con un camarero. No puedo creer lo que me está diciendo y el modo en el que me está hablando.

—¿Me ves de tan bajo nivel que crees que soy capaz de estar flirteando con el camarero?

Me voy a caminar sola por la ciudad. Entro en una cafetería y me escondo allí. Mi mente está acelerada, creo que estoy cometiendo un error con el casamiento, pero no sé qué hacer.

Después de un rato me tranquilizo y vuelvo a la estación. Subimos al autobús. Pasa toda la noche suspirando y mojándose la cabeza, montándome una escena. Me acerco, y le digo:

—Ahora llegamos a Alicante y llamo a la ambulancia para que te vayas al hospital.

—No lo haré.

—No podrás negarte porque no te has esforzado en aprender una sola palabra en español.

Se calma. Llegamos a casa.

Al día siguiente me llama mi amiga Mar y como él aún estaba durmiendo a mi lado, voy a la sala a atenderla. Me tumbo en el sofá y empiezo a hablar con ella. A los pocos minutos se asoma y me grita:

—¿Te fuiste del dormitorio para hablar con tu amante?

Cojo una zapatilla del suelo y se la tiro por la cabeza. Desaparece.

Termino la conversación, voy a la cocina y lo encuentro fumando.

—Qué puta eres, qué puta eres —balbucea.

Le pego una bofetada y le digo:

—Pídeme perdón. Estaba hablando con una amiga y no tengo por qué darte explicaciones.

Me pide disculpas y nos arreglamos. A los días vuelve a Inglaterra. A pesar de mis dudas, el plan de casarnos sigue en pie.

No sé cómo, Nacho consigue mi número de teléfono y empieza a llamarme para insultarme después de sus borracheras. Me llama por la madrugada constantemente. Cuando me canso de estos ataques, lo amenazo.

—Nacho, no juegues con fuego, déjame en paz o llamo a tu mujer.

—No tienes cojones para hacerlo —me reta.

Yo tengo el teléfono de su esposa porque una vez, cuando aún estábamos juntos, ella me había llamado para reprocharme que estuviera con su marido.

Una mañana Nacho vuelve a llamarme cuando yo estoy en el trabajo. Atiendo para decirle que me deje en paz y empieza a insultarme, como siempre, fiel a su manera.

Decido, finalmente, llamar a su mujer.

—Sara, perdóname por las molestias, pero su marido no me deja en paz. Yo tengo novio, me voy a casar, no quiero saber nada y él me sigue llamando.

—¡Qué cabrón! —responde—. Yo me ocupo, si vuelve a molestarte me dices.

Media hora más tarde, Nacho me llama. Parece otro, ya no grita.

—No te voy a llamar más, por favor no vayas a la policía —implora.

—Lo único que quiero es que olvides mi número de teléfono —le digo.

Estoy tratando de encaminar mi vida y darle una estabilidad, solo quiero alejarme de los fantasmas del pasado.

Mike se porta como el rey de la situación y me hace sentir que dependo de él. Se olvida de transferir el dinero y hace que lo llame y le recuerde que debe hacerlo.

Un día me demoro con una clienta y llego más tarde a casa. Veo que tengo llamadas perdidas pero estoy cansada. Me acuesto a dormir. Al día siguiente me llama y vuelve a insultarme y a preguntarme dónde estuve.

Cuando reconozco lo que sucede, siento un gran rechazo y tengo la certeza de que necesito hacer mi propio camino. En esos días me llaman del registro civil y me dicen que tenemos cita con el juez para casarnos, pero decido que no voy a hacerlo. Le aviso a Mike que voy a retirar la petición de matrimonio porque he cambiado de idea y explota. Me dice que nunca voy a tener mis papeles, que me estoy equivocando grandemente. Su actitud me hace confirmar que he tomado la decisión correcta al cancelar el matrimonio.

En el centro de formación al que asisto nos ofrecen hacer un curso de guía de casco antiguo. Lo hago y, al finalizar, me toca brindar una excursión por el centro de Alicante a las abuelitas que tomaban clases en este centro. Caminan junto a mí muy arregladas, atentas y sonriendo. Se ríen de mi acento pero me felicitan por todo lo que sé:

—Muchacha, llevo toda la vida en esta ciudad y no sabía esto que me estás contando. Qué bonito todo lo que conoces —me dice una de ellas.

Compartir con ellas me llena de ternura y alegría. Quiero que mi vida sea siempre así.

En mayo termino los cursos de español en el centro de formación. El último día, me acerco al profesor y le digo:

—Deme el camino más rápido a la universidad.

—Vaya rusa, qué valor —me dice con una sonrisa—. Tienes que matricularte en el acceso a la universidad para mayores de 25 años.

Paso el verano tranquila, voy a la playa y paso tiempo con mis amigas y hablando por teléfono con mi madre todas las veces que puedo.

Al finalizar, empiezo a estudiar para el ingreso a la universidad. Son siete asignaturas y al principio cada texto y cada concepto me parecen complicados, pero estoy determinada a pasar esos exámenes.

Me doy cuenta de que necesito trabajar en mi independencia y en mejorar mi situación, y me sumerjo en los estudios con todas mis fuerzas. No quiero relaciones ni nada que me distraiga.

En mayo de 2008 doy los exámenes de ingreso a la universidad y luego me voy a visitar a una amiga a Granada para que la espera de los resultados de los exámenes sea más leve. Mientras un día estoy de paseo por Alhambra hechizada por la belleza de arte árabe, me entero que he aprobado los exámenes con un resultado final de 6,5. Me sirve para entrar a la universidad, pero no es suficiente para ingresar a la carrera de intérprete, que es la que yo quiero. No me desanimo: escojo otra para la que me alcanza el puntaje y así es como empiezo a estudiar filología inglesa con conocimientos en francés y árabe. Estar en la universidad es para mí un sueño cumplido.

Es tan grande la satisfacción que siento, que tengo la sensación de que lo que he vivido antes se volvió pequeño y lejano. Me siento feliz con mi presente, miro con esperanzas lo que está por venir.

Empiezo cada día a las 7 de la mañana. Voy a la parada de autobuses, en la cafetería tomo una tostada, un café y un zumo y me voy a la universidad con mi mochila en la espalda y las cosas para hacer las uñas en una mano. Después de clases voy a la casa donde trabajo limpiando; como se dan cuenta de que llego directamente de la universidad, muchas veces me dan de comer. Termino allí a las 5 o 6 de la tarde y entonces me dirijo a las casas de mis clientas para crear la belleza de uñas esculpidas. Alrededor de las 10 de la noche termino la jornada laboral, paso por el supermercado, compro lo que me apetece comer y me voy a casa a cenar y a dormir. Logro cubrir mis gastos con mi propio trabajo. Me siento fuerte y feliz.

Un día, cuando estoy llegando a casa, recibo un mensaje desde Rusia: llámame, es urgente. Es una compañera de colegio, Oksana, aquella que intentaba ayudarme encerrándome en la habitación. Ella conoce a mi familia y tenemos amigas en común, así que cuando veo su mensaje la duda y el miedo me invaden. Primero se me viene a mi mente mi madre. Sin pensar en el coste, la llamo.

—¿Sabes qué ha pasado? —me dice, casi sin saludarme.

—¿Cómo voy a saber si apenas hablo con nadie de Rusia? —respondo, ansiosa por lo que me va a decir.

—Anastasia murió.

Me cuesta respirar. Quiero pensar que es una broma, pero sé que nadie juega con algo así.

—¿Cómo es posible? Apenas cumplió 33 años. Hace poco hablé y me dijo que quería venir a visitarme a España.

—Tenía neumonía. Estaba en el hospital, estaba mejorando pero anoche murió.

—¡¿Neumonía?! Estamos en el siglo XXI. ¿Qué cojones? —digo, cada vez más confundida y alterada.

—No sé detalles, eso me dijo su familia. Tengo que colgar, hablamos otro día —se despide y termina la comunicación.

Quedo en un estado de shock. Los pensamientos y recuerdos se amontonan en mi mente. Pienso en cómo nos divertíamos, en todo lo que hemos compartido juntas y en la amiga fiel que era. ¿Qué va a ser de su hijo?, me pregunto. Recuerdo ese día en el cine cuando me dijo que sabía que yo un día me iba a ir a Estados Unidos. Gracias a esa locura que ella me permitió soñar, me vine a España, pensándolo como un escalón antes de cumplir el gran sueño. Qué manera tan rara del destino de recordarme por qué estoy aquí. Confirmo mi promesa: un día voy a llegar a Estados Unidos. Todavía no es el tiempo, pero algún día, quizás, alcanzaré esa meta.

Sigo con mi día a día, siempre estoy ocupada, pero tengo ganas de distraerme así que me registro en una página de encuentros y empiezo a ver los perfiles. Está terminando el 2008 y hace ya casi un año que me liberé de Nacho y de Mike. A ver si existe una persona que me ayude a pasar un buen momento y no me traiga malestar.

Paso de todos los que buscan sexo rápido; no es lo que quiero. Mientras estoy tratando de buscar una aguja en un pajar, me llega un mensaje de un perfil sin fotos. Me dice que es médico, que vive en Dénia y habla mi idioma. Me deja el teléfono de su clínica y pide que lo llame. Imagino que es un gilipollas que está jugando conmigo, así que no le contesto. A la semana vuelve a escribirme y me deja también su número de móvil. Contáctame, por favor, insiste.

Me decido a llamarlo pero opto por el número fijo, para ver si era realmente es el teléfono de una clínica. Cuando pregunto por el doctor Karim, me dicen que espere un momento que ya me van a comunicar con él. No puedo creerlo, parece que es verdad. Lo saludo, me presento, y en seguida comenzamos a conversar. Desde ese día empezamos a llamarnos todas las tardes. Una semana más tarde quedamos para vernos. Acordamos ir a esquiar a Sierra Nevada. Es principio de diciembre y las pistas están cerradas pero igual la pasamos genial.

En persona la charla es aún mejor: nos llevamos muy bien y me gusta muchísimo. Es de un país de la ex Unión Soviética, me cuenta que su mujer anterior y sus hijos viven allí. Yo le cuento que no bebo porque he tenido problemas con el alcohol, sin muchos detalles, y se muestra comprensivo. El flechazo es mutuo e inminente: nos enamoramos y rápidamente empezamos una relación.

Para navidades vamos a Madrid porque hay un espectáculo del Cirque du Soleil, sus espectáculos me hechizan, es magia y me hacen vibrar, ahora disfrutamos los dos de lo visto, del viaje juntos y de complicidad mutua.

Empiezo a ir a su casa en Dénia a pasar todos los fines de semana. Cada día me siento mejor con él. Creo que este será mi hombre para toda la vida.

A principios de 2009 empiezo a tramitar mi legalización. Desde hace unos meses estoy preparando los papeles. Lo más difícil fue conseguir mis antecedentes penales pero por casualidad he conocido a un chico que se dedicaba a hacer ese trámite en Moscú y me lo tramitó. Siento que he sido afortunada.

Se acerca la fecha de mi cumpleaños y siento que va a ser el más feliz de mi vida. Estoy acercándome a la estabilidad y estoy cumpliendo muchos de mis objetivos.

Una tarde cuando estoy por entrar a mi casa, veo a dos hombres jóvenes parados al lado de un coche. Les saludo cordialmente, abro la puerta y ellos vienen detrás de mí.

—¿Es usted Elena Balandina? —pregunta.

—Sí, soy yo, ¿en qué puedo ayudarles? —digo, desconcertada.

—¿Conoce a una persona llamada Dimitri?

—Sí, él me trajo de Rusia un certificado de antecedentes penales —contesto naturalmente.

—¿Tiene ese documento en casa?

—Claro, porque en mayo tengo cita con extranjería —les explico.

—Tendrá que mostrarnos ese papel y su pasaporte.

Me enseñan sus credenciales de policía, me informan que estoy implicada en una causa de falsificación de documentos y me dicen que debo ir con ellos a la comisaría. No entiendo nada, los sigo hasta el coche con una gran angustia.

Cuando llego a la comisaría me hacen mil preguntas sobre el documento, sobre Dimitri, y sobre mí. Cuando me dicen que quedaré detenida no puedo contener las lágrimas.

—Mañana es mi cumpleaños —consigo decir entre sollozos.

Uno de ellos me mira y creo que siente pena.

—Si la dejamos volver a casa y mañana vamos a buscarla para dar declaración, ¿no se escapará?

—No, no voy a ningún lado —prometo, llorando.

Cuando vuelvo a casa llamo a Karim y él me dice que me tranquilice, que van a comprobar que yo no he actuado de mala fe y todo va a estar bien. Sin embargo, empiezo a pensar que nunca voy a lograr legalizarme y todo mi mundo se viene abajo.

A las 7 de la mañana vienen a buscarme los policías y voy con ellos. Cuando llega una abogada de oficio me entero que ya tienen a Dimitri. Entiendo que me tienen como testigo y no como imputada y empiezo a tranquilizarme, pero todo lo que me está pasando me parece una pesadilla. Me llevan a otro departamento de policía, me cogen las huellas, y me dejan marcharme. Salgo de aquella oficina con las manos sucias y la cara empapada de llanto, me siento humillada.

Los policías que habían ido a mi casa me contienen:

—Ya no llores, todo va a ir bien.

—Ahora saca un antecedente verdadero y presenta la documentación. Nuestro país necesita personas como tú, inteligentes y honestas —me dice otro para darme ánimo.

Mi cabeza es un caos y no sé cómo voy a conseguir ese documento antes de mayo. Paso en shock algunas horas, hasta que logro tranquilizarme y vienen a mi mente algunas alternativas. En los días sucesivos le mando un poder notarial a mi amigo Victor, él pide mis antecedentes en Rusia y me los envía. Cruzo los dedos y me pongo a la espera.

Karim viene a visitarme y a despedirse porque está por viajar a pasar una semana con su familia. Cuando me lo contó, le dije que estaba todo bien, pero por dentro me retuerzo de celos. Vamos a cenar. En medio de la charla, me pregunta por qué estudio filología inglesa.

—No lo sé, en principio mi meta es estudiar —le explico.

—¿Por qué mejor no te cambias a un instituto y estudias para ser técnica en imágenes? Con esa carrera tendrás trabajo asegurado —me propone.

Me parece una buena idea, me entusiasma pensar en conseguir un título que me permita mejorar mi trabajo a corto plazo. Ya habrá tiempo para retomar la universidad.

Esa noche se queda en mi casa y, al día siguiente, parte por una semana a esquiar con sus hijos y ex mujer.

Unas semanas más tarde me entero de que estoy embarazada y la felicidad llena todo mi cuerpo. Con todos los abortos que había tenido, pensaba que ya no iba a poder ser madre. Esta vez estoy embarazada de un hombre que amo; yo estoy estudiando y a punto de legalizarme en España. Nada puede salir mal.

Llega el verano y hago el ingreso a un instituto que está en Alcoy a 50 kilómetros. De Alicante a Dénia son 90, así que Karim me compra un coche para que no dependa de los horarios de transporte público en mi estado. Qué gesto tan maravilloso, nadie y nunca me cuidaba tanto.

Soy consciente de que pronto tendré que dejar trabajo, se me ocurre una idea y propongo a mi hermana que venga a vivir a España. Le explico que tiene que quedarse de manera ilegal y que no será un cuento de hadas, pero le digo que ella, al menos, me tendrá a mí.

Mi hermana prepara el viaje pero oculta sus verdaderos planes. Le dice a mi madre que viene a visitarme por dos semanas, aunque quizás ella imagina que no es así.

Me entero de que estamos esperando un niño y tanto Karim como yo estamos felices. Me propone ir de vacaciones a Suiza para celebrar. Antes de ir, pasamos por Barcelona al concierto de Madonna. Luego recorremos las calles de esta mágica ciudad, nos reímos y la pasamos de maravillas.

Luego continuamos hacia Suiza. Allí disfrutamos el viaje, caminamos por Mont Blanc a una altura de 3500. Parezco una cabra embarazada saltando por las montañas.

El último día me levanto con el doble de hambre después de tanta actividad, así que en el desayuno, luego de acabar con un café y un cruasán, me levanto a buscar algo más. Cuando vuelvo con otro cruasán, Karim me mira y me dice:

—No comas tanto, que quedarás como una cerda gorda.

No digo nada, pero cuando me siento las lágrimas empiezan a correr involuntariamente por mi rostro. Sé que estoy sensible por el embarazo, pero me duele lo que me acaba de decir.

—¿Por qué lloras? —me pregunta.

No respondo y empieza a acusarme:

—Quieres manipularme, por eso estás llorando.

Enfadado, se levanta y se va a la habitación. Yo lo sigo y veo como, sin hablarme, toma nuestras maletas y las lleva hasta el coche. No entiendo esa explosión de rabia, no me atrevo a decir nada. Me subo al coche y emprendemos la vuelta, unas horas antes de lo planeado. Hace todo el camino a una velocidad altísima. Me da miedo, pero permanezco callada, por no provocar nuevas olas de disgusto.

Se dirige directamente a Alicante. Cuando aparca frente a mi piso, baja mi bolso del maletero y me dice:

—Dame las llaves de mi casa, no quiero verte nunca más.

Entro a mi casa y desato un llanto que no parará en los próximos dos días. ¿Qué voy a hacer ahora? ¿Qué haré con un bebé sola? Estoy angustiada y desesperada.

Al tercer día aparece por la tarde bienhumorado, me abraza y me dice que nunca va a abandonarme. Volvemos a estar juntos. Mi confianza se ha resquebrajado, pero trato de sostenerla para volver a soñar con la familia feliz que quiero tener.

En septiembre llega mi hermana y siento una gran emoción de verla después de cuatro años. Como he decidido que antes de que el bebé nazca voy a mudarme a Dénia con Karim, empiezo a introducirla en mi trabajo para que pueda reemplazarme cuando yo ya no esté en la ciudad.

A fin de octubre llega la notificación de que me han dado residencia legal. Tramito mi identificación; me siento feliz, he logrado lo que tanto deseaba, las oportunidades para mí, a partir de ahora, solo podrían aumentar.

A finales de noviembre preparo la mudanza para ir, finalmente, a casa de Karim. Esta vez me espera un proyecto de familia, voy a vivir con un hombre del que estoy locamente enamorada y con quien quiero pasar el resto de mi vida. Dejo a mi hermana en mi piso con la promesa de ayudarla a pagar los gastos y me dirijo a Dénia para empezar de cero, una vez más.

Capítulo 4

Fata Morgana

"Yo soy Yo
Tú eres Tú
Yo no estoy en este mundo para cumplir tus expecta-
tivas,
Tú no estás en este mundo para cumplir las mías.
Tú eres Tú
Yo soy Yo.
Si en algún momento o en algún punto nos encon-
tramos
Será maravilloso
Si no, no puede remediarse."

Fritz Perls

Antes de que termine noviembre me mudo a Dénia con 7 meses de embarazo. Mi hijo se mueve mucho, y cada remolino que genera dentro de mí me recuerda la ilusión que tengo por su llegada y lo enamorada que estoy de su padre. Hemos decidido llamarlo Daniel.

En diciembre decido dejar los estudios porque, de todas maneras, sé que tendré que faltar a clases después del parto. Este año académico ya está perdido, pero no me preocupo. Me sumerjo en la vida familiar. La sensación de tener dentro a un ser humano es misteriosa y maravillosa.

Celebramos Navidad y Nochevieja en tranquilidad, juntos y en casa.

El 8 de enero de 2010 por la noche estoy haciendo strudel en la cocina. Mientras corto en pequeños cubos las manzanas, empiezo a sentir molestias en la barriga. Acudo al hospital y, esta vez, no me dejan volver a casa. Paso la noche allí, junto a Karim. Casi no logro dormir porque me llevan todo el tiempo a hacer monitoreos.

Todo mi deseo de tener un parto sin que me den la epidural se esfuma con la primera contracción. Empiezo a llorar y a gruñir, pero me comunican que ya es muy tarde para inyectarme el calmante.

—No hará efecto alguno porque estás a punto de parir —me dice una enfermera.

A medianoche ya no contengo las palabrotas y estrujo la mano de mi esposo con cada contracción.

El día 10 de enero, diez minutos antes de las 3 de la madrugada llega Daniel y su llanto es el sonido más agradable que jamás he oído en la vida. Lo recuestan a mi lado, el dolor pasa rápidamente y me duermo.

Al día siguiente Karim vuelve al trabajo pero como su consultorio está en la planta baja de la misma clínica, aprovecha cada momento libre para subir a visitarnos.

Después de dos días, volvemos a casa. Los primeros dos meses pasan rápido, en amor y alegría. Solo un accidente se cuela en aquella nube de felicidad. Un día, mientras mi hermana está en la ducha, alguien entra por una ventana y se lleva su bolso. Cuando me llama, consternada, no puedo ir a socorrerla porque estoy lejos y Daniel es muy pequeño, así que le pido a mi amiga Ada, que vive en Alicante, que vaya con su marido a tranquilizarla. Ellos la ayudan, pero mi hermana sigue traumatizada y ya no quiere vivir sola en ese piso. Se muda con Mar, mí amiga. Hago todo lo posible por ayudarla pero siento un gran remordimiento por haberla dejado sola, cuando apenas había llegado a España, sin conocer el país ni saber la lengua. Mar es una buena amiga y persona y empieza a ocuparse del bienestar de mi hermana y de su integración social.

En la primavera, antes de la Semana Santa, me pongo en contacto con una compañera del instituto. Le pregunto cómo está y cómo va con los estudios. Me dice que va todo bien y me pregunta si yo volveré pronto a terminar el curso. Le digo que sé que este año está perdido; ya me ausenté muchos meses, ¿cómo podría recuperarlos?

—Con lo bien que te iba, no creo que sea un problema ponerte al día y salvar el año —me dice.

Hablo con Karim y me apoya en esta idea loca. Me decido a hacerlo, aunque parezca imposible.

Los profesores me permiten dar los exámenes, así que me sumerjo a estudiar por mi cuenta. Karim tiene dos carreras superiores en el área de la medicina así que me ayuda mucho, me brinda información y me presta libros. Contratamos a una chica, hija de unos amigos, para que me acompañe al instituto los días que me toca presentarme. Cuando llegamos, le doy el pecho a Daniel y entro a dar el examen del día mientras ellos pasean. Así logro terminar el primer año.

Todo marcha bien, aunque tenemos nuestros roces en la rutina diaria. Ha sido todo muy rápido con Karim: nos conocimos a finales de 2008, en abril quedé embarazada y en noviembre estábamos viviendo juntos. Pienso que son solo ajustes que tenemos que hacer, nada importante. Supongo que tener una familia es un trabajo y tengo que poner mucho de mi parte.

En realidad no sé cómo es una familia normal, mi experiencia de la infancia no me enseñó eso. No tengo idea de cómo construir una relación correcta y evitar errores, pero me esfuerzo por dar lo mejor de mí. Él tiene dos hijos más y una relación anterior; de hecho, sigue casado legalmente, y esto no me hace gracia. Al principio, no hacía caso, pero ahora que somos una familia, genera situaciones incómodas.

Cuando vamos a registrar a nuestro hijo, le preguntan:

—¿Estado civil?

—Casado.

Me miran y dicen:

—Usted también, entonces.

—No, soy soltera —respondo.

Me siento mal por lo que piensan los demás, quisiera explicar cómo son las cosas, pero no tiene sentido.

Empiezo a mencionarle suavemente a Karim que la situación no me agrada, pero cada vez que saco este tema se pone furioso, me dice que lo deje en paz, que si yo soy la única qué me importan los papeles. La mayoría de las veces logro terminar el conflicto pidiéndole perdón y diciéndole que tiene razón, que no debí haber dicho nada.

Un día estoy en el parque con mi hijo dando un paseo y se sienta al lado mío una señora mayor. Empieza a hablarme y a preguntarme por mi bebé. Me parece muy tierna y simpática. Se llama Amparito y debe tener más de 80 años. Nos caemos muy bien así que intercambiamos contactos.

Unos días más tarde me invita a su casa y conozco a su marido que tiene unos años más que ella. Me gusta observarlos: comparten momentos juntos, salen a pasear con su Mercedes descapotable, se los ve felices. Me parecen tan tiernos que veo en ellos una inspiración. Me hacen pensar que se puede tener una familia para siempre. Les presento también a Karim y empieza a crecer una amistad entre las dos familias. Ellos tienen hijos pero viven lejos, así que les gusta nuestra compañía.

Amparito se convierte en una luz para mí. Al poco tiempo empiezo a contarle mis dolencias y mis preocupaciones sobre mi matrimonio y mi familia. Me escucha y me da consejos. Se convierte en una mamá o en la abuela que nunca tuve. Empiezo a visitarla todos los días. Su cercanía me reconforta.

Llega el otoño y empiezo nuevamente el instituto. Debo seguir tres meses de cursos teóricos y luego hacer las prácticas. Consigo hacerlas en la clínica donde trabaja mi marido y sé que soy afortunada. Allí me tratan con preferencia y me dejan pasar más tiempo con las máquinas y tareas que más me interesan. Me apasiona hacer ecografías y resonancias magnéticas, aprender a detectar y diagnosticar enfermedades. Me doy cuenta de que me siento bien en este mundo.

Poco después de mi cumpleaños, en abril, descubro que estoy nuevamente embarazada. Al principio no lo creo, aún estoy dando pecho y no me ha vuelto la regla. ¿Cómo es posible? Cuando llegué a los 28 años pensé que seguramente ya no era fértil y que no podría tener un hijo, y ahora, dos en tan poco tiempo.

Cuando lo comunico en el hospital, me dicen que debo detener inmediatamente las prácticas porque las radiaciones son riesgosas para las mujeres embarazadas. Me resigno a la idea de que tengo que posponer la obtención del diploma; la alegría por la llegada de una nueva vida sobrepasa cualquier imprevisto.

Con el nuevo embarazo me encuentro sensible y los roces con Karim aumentan. Cuando el clima se pone tenso, empieza a decirme cosas cada vez más duras: me acusa de ser un parásito, me reprocha que vivo a cuenta de él y que no traigo dinero a casa. En parte pienso que tiene razón, pero estoy esforzándome para tener posibilidades en el futuro. Trago sus comentarios y trato de mantenerme tranquila, a pesar de esas frases se clavan en mí como espinas que no dejan nunca de doler.

Los días son cada vez más difíciles de sobrellevar pero con la mayoría de las personas trato de sonreír y de aparentar tranquilidad. Cuando llamo a mi madre le digo que estoy bien y feliz; está demasiado lejos como para preocuparla. Tampoco quiero compartir lo que me sucede con mi hermana: cuando hablamos prefiero centrarme en darle ánimo y en ayudarla en sus propios problemas, ya que aún siento culpa por haberla abandonado en Alicante. De cara al público, muestro una vida perfecta. Mi único refugio es Amparito. Cuando voy a visitarla puedo hablar, expresarme y encontrar consuelo.

A veces Karim se enoja por alguna tontería y no me habla por varios días. No sé si prefiero los reproches o el silencio que nunca sé cuándo acabará. Cuando me siento ahogada, pienso: a pesar de todo esto, soy madre, este hombre me ha regalado dos hijos. Daniel crece y es la alegría del hogar y eso supera cualquier angustia.

Mi amiga Ada, de Alicante, viene a veces con su marido a visitarnos. Salimos a cenar y a pasear, y en esos momentos me siento liviana.

A finales de mayo tengo una hemorragia abundante y el pánico me cala hasta los huecos. Creo que voy a perder al bebé y un miedo profundo me abruma. Le aviso a Karim y me lleva a hacerme una ecografía. Después de revisarme, me informan que el bebé está bien y que el sangrado se debe a que se ha roto una arteria.

Valoro aún más esta vida que estoy gestando: la siento frágil y valiosa. Cada día quiero y necesito más al bebé que está dentro de mí.

Decidimos que necesito contar con ayuda en casa para no hacer esfuerzos. No queremos correr más riesgos. Contratamos a Katy; es un amor, me ayuda con Daniel y con todas las tareas hasta que Karim vuelve del trabajo. Mi pasado de alcoholismo por momentos parece parte de una vida pasada. Ya no me molesta; no tengo tiempo para eso. Karim toma vino en casa y yo puedo verlo sin siquiera sentir ganas de probarlo.

Cuando acostamos al niño todo se calma y podemos compartir momentos dulces en pareja. Una noche, mientras nos relajamos, Karim me cuenta que su infancia también fue dura. Nunca tuvo a su madre a su lado ya que cuando sus padres se separaron, su hermana y él quedaron bajo la tutela del padre que tenía un alto cargo en la URSS. Es la primera vez que me abre las páginas de su pasado, de su historia. Entiendo que no soy la única con un ala herida, ambos estamos afectados por ausencias de la infancia. Me hace ilusión pensar que, al conocernos más y comprender que somos parecidos, podremos entendernos mejor. Los dos tenemos deseo de tener una familia estable y unida, y ese es un buen primer escalón.

Sin embargo, la ternura y vulnerabilidad que Karim muestra en esas conversaciones nocturas, durante el día desaparece o queda oculta detrás de su dureza. Si no estoy de acuerdo con él sobre algo, alza la voz y lanza dolorosos reproches. Siento que me encuentro en una dictadura no declarada.

Un día, cuando vuelve del trabajo, me cuenta una historia. Me parece que lo que me está diciendo es distinto a algo que me había dicho unos días antes y se lo comento.

—¡Tú estás contra mí! Me tienes harto, tienes que aceptar lo que te digo y callarte de una vez —despotrica.

Deja de hablarme por varios días. Siento desconcierto, culpa y angustia. No había sido mi intención atacarlo y, en realidad, sé que no lo hice. Resuelvo la distancia pidiendo perdón, aunque no sé bien por qué. Me siento vulnerable y a veces me cuesta contener la rabia, pero me esfuerzo por mantener la calma en casa el mayor tiempo posible. No estoy segura de si las reacciones de Karim son normales o no, y qué debería hacer yo.

Durante el verano llegan a Dénia varias familias rusas que buscan pasar sus vacaciones en la costa española. Cuando tienen imprevistos de salud, se acercan a la clínica a buscar un médico que hable su idioma y así conocen a Karim. Cuando le caen bien, los invita a cenar. Me gusta cuando lo hace, de este modo tenemos una vida social más activa y eso me hace sentir más equilibrada.

Estamos bien económicamente y el círculo del que empezamos a rodearnos es pudiente. Karim se permite sus caprichos y salidas, hasta se ha comprado una moto de agua.

Yo embarazada que no se me cierra bien el chaleco conduzco moto acuática llevando a mi pareja que se divierte con esquí, cayendo cada dos por tres, son momentos inolvidables e imborrables de felicidad.

Desde el inicio el acuerdo que hicimos fue que él me transferiría cada mes un importe a mi cuenta y yo me ocuparía de comprar la comida y las cosas para la casa. Desde que llegó Daniel el importe no ha aumentado pero yo tengo que comprar más comida y más pañales. Busco ofertas, recorro supermercados, pero en un momento empiezo a agobiarme. Cuando se lo planteo, me mira con desprecio:

—Pero, ¿a dónde metes el dinero que te doy?

Todas las situaciones de estrés que atravieso las resuelvo comiendo bollería y pastelería. Karim me dice que estoy engordando mucho, que voy a tener diabetes y colesterol. Cuando él está en casa, me controlo en lo que como generando más estrés y devoro doble al día siguiente cuando esté sola.

Empiezo a tener más comunicación con las amigas que he hecho en Dénia y a veces salgo a tomar un café con ellas. Karim se enoja, me dice que soy una mujer de familia, una madre, y que tengo que centrarme en la casa. Poco a poco, empiezo a alejarme de mis amigas. Solo tengo vida social con él y con sus pacientes rusos.

Con la única persona que no me pone ninguna objeción es con Amparito, ya que él también la quiere. Paso mucho tiempo con ella y me alimento de su ejemplo.

Llega finales de noviembre, fecha para la que estaba programada el parto, pero en mi cuerpo no hay ninguna señal. El 5 de diciembre, dos semanas más tarde de la fecha calculada, acudo al hospital. Yo ya paso 109 kilos, siento que no aguanto más. Después de revisarme, me dan una cita para el día siguiente para tener un parto programado. Al salir del hospital vamos a una iglesia ortodoxa que queda a 50 kilómetros de allí. A Karim le gusta mucho ir y a mí me gusta la idea de acompañarlo porque en las iglesias siento una gran paz.

Al día siguiente por la mañana le digo a mi pareja que me lleve al hospital y que vaya a disfrutar el día con Dani, que tenía casi 2 años. A las 7 menos 10 de la tarde, llega nuestro segundo niño, Gabriel. Cuando sale y el saco amniótico abandona mi cuerpo, siento esa adrenalina que pasa por mis venas trayéndome felicidad. Al día siguiente volvemos a casa.

Todo va bien, aunque ahora mi rutina tiene doble carga. Trato de mantener el orden en casa pero me resulta imposible con los dos niños. Me acostumbro a maniobrar entre los montones de juguetes, pero Karim no está de acuerdo. Tiene una obsesión con el orden y cada cosa que no está en su sitio, lo desencaja. Sigue lanzándome reproches y dardos que me hacen daño.

Un día después de comer al mediodía, le digo que voy a llevar a los niños a su habitación para que duerman la siesta. Me recuesto al lado de ellos y caigo dormida profundamente. Dos horas más tarde, salgo de la habitación atontada y Karim no me mira ni me habla. Tardo un tiempo descubrir el motivo. Está enojado porque me dormí y en la cocina quedaron platos sin lavar. Me lo dice y después vuelve al silencio por uno o dos días más.

Está llegando el verano y Katy me dice que se va a otra ciudad a buscar trabajo. Le hago una carta de recomendación y la despido.

Vuelven varias de las familias que habíamos conocido durante las vacaciones anteriores y empezamos a hacer planes con ellos. La pasamos bien entre paseos y cenas, y, en una conversación Karim sugiere que yo podría ayudar en cuestiones de traducciones y gestiones administrativas. Dario y Ariana dicen que les vendrían bien algunos servicios y empiezan a llamarme en la semana para que los acompañe a hacer trámites. Me siento bien de estar ingresando algo de dinero a casa, pero mi esposo comienzo a decirme que ando como perro sin casa, ayudando a todo el mundo y sin ocuparme de nuestro hogar. Sus preguntas más recurrentes son qué hago en todo el día y cuándo voy a adelgazar.

Sigo sin contarle a nadie las situaciones que tengo con Karim, pero empiezo a notar que algunas personas se dan cuenta que no estoy bien. Un día, una de mis viejas amigas me dice:

—No eres nada de lo que eras antes. Ahora pareces una medusa, sumisa, sin voluntad.

En mi interior reconozco que es verdad, pero tengo tanta ilusión de mantener mi familia normal, que no me importa lo que me digan los demás.

Cuando Gabriel está por cumplir un año empiezo a pensar en acabar las prácticas del hospital, ya que solo me faltan tres meses para obtener mi diploma. Katy se ha ido y necesito que los niños se queden en casa con alguien mientras yo hago las prácticas, así que le propongo a Karim que traigamos a vivir a mi hermana con nosotros. Me dice que sí y rápidamente organizamos su mudanza desde Alicante.

Los primeros días todo marcha bien. Mi hermana tiene un buen vínculo con los niños y yo me siento agradecida de poder contar con su apoyo (y de tenerla cerca para remediar las ausencias pasadas). Karim se muestra indiferente; me había dicho que pensaba que mi hermana sería una buena ayuda, pero al poco tiempo parece cambiar de opinión. Entre ellos no hay comunicación y noto a mi marido disgustado la mayor parte del tiempo.

La tensión empieza a crecer en casa y también mi incertidumbre y ansiedad: las cosas no van bien y no entiendo por qué.

La situación no tarda en explotar. Una mañana Karim me dice:

—No quiero que tu hermana esté aquí.

—¿Ha sucedido algo? ¿Qué es lo que no va bien? —pregunto, temerosa.

—Es muy callada, no me gusta.

No me da más explicaciones, solo una orden clara, fiel a su método: que se vaya.

Me siento traicionada y confundida. No entiendo qué está pasando y tengo una gran culpa. No puedo abandonar otra vez a mi hermana, y menos ahora que le hice dejar su casa y trabajo en Alicante.

No sé qué hacer. Empiezo a fantasear en marcharme con mi hermana. Karim no la querrá en su casa, pero yo sí. Me acompaña y me ayuda mucho con los niños. Quizás viviríamos más tranquilas las dos. Sin embargo, rápidamente la ilusión se derrumba: no tengo trabajo, ni dinero, no puedo irme de aquí.

Otra vez traiciono a mi hermana. Le explico la situación y ella se organiza para volver a Alicante. Vivirá otra vez con mi amiga y buscará un nuevo trabajo. Sé que otras personas la ayudarán a reincorporarse y eso me da alivio al mismo tiempo que me hiere en lo más profundo. Debería ser yo quien le diera esa ayuda. Le pido perdón y ella no contesta. No muestra ningún sentimiento, pero yo si me enfado conmigo misma hasta me odio, por mi cobardía.

La sacralidad con la que veía a la familia, disminuye con cada golpe, pero quiero mantenerla por mis hijos.

Tras un pacto de paz, volvemos a la normalidad, pero mis heridas internas ya no dejan de sangrar.

Contratamos a una mujer para que venga a cuidar a los niños por horas. Termino las prácticas y recibo mi titulación. Estoy lista para empezar a trabajar, pero me entero que no pueden cogerme en el hospital porque su política no permite que dos familiares trabajen en el mismo servicio. Me frustra darme cuenta de que si sigo en Dénia no puedo empezar mi carrera y no tengo manera de salir de la dependencia económica.

Siento que me estoy hundiendo, pero aún así sigo con la rutina familiar, como caminando en unas lentas arenas movedizas.

Una noche me despierto porque Karim recibe una llamada. Lo veo prepararse para salir, apurado, y pienso que es una urgencia hospitalaria. No le pregunto nada, me giro y sigo durmiendo.

A las horas, vuelve. Se acerca, me toca el hombro y, con voz baja y amarga, me dice:

—Amparito acaba de morir.

El único pilar que quedaba en mi vida se fue, me abandonó. Ella mantenía viva una llama de ilusión adentro mío, no hay nadie más que pueda hacerlo.

Durante los días siguientes acompañamos y cuidamos a su esposo, José, hasta que una hija decide llevárselo a vivir con ella a otra ciudad.

En un abrir y cerrar de ojos dos personas muy queridas han desaparecido de mi vida. Siento una desesperanza que me aprieta los huesos.

Mis únicos amigos son las personas de Moscú que vienen a pasar los veranos a España y a veces, mientras están en Rusia, me llaman para pedirme que les haga diligencias. Forjo una amistad con Dario y Ariana.

En verano de 2013 me piden que les busque una propiedad para comprar. Me sorprende, pero me dicen que no se les ocurre una persona más confiable para encargarle esta tarea. Por supuesto, todo será remunerado. Es algo que hasta ahora no he hecho, pero quiero intentarlo, necesito demostrar que no soy un parásito y que yo también puedo ganar dinero para traer a la casa. Acepto y me sumerjo en la búsqueda de una casa para estos amigos queridos.

Cuando hablo con mi madre, me doy cuenta de que su salud se está deteriorando. Le propongo que venga a vivir a España para estar cerca de sus hijas, pero me dice que no, rotundamente. Debería haber imaginado que era imposible. Es como un árbol viejo con raíces muy profundas en la tierra que si la trasladas morirá antes de tiempo. Tampoco tenía mucho para ofrecerle o prometerle, porque Karim ya me demostró cómo trata a mis familiares.

Los niños ahora son bastante grandes para veranear juntos en otra ciudad, así que decidimos ir a San Sebastián. Son demandantes y activos, pero es fabuloso pasar tiempo con ellos.

Un día, Daniel insiste en comprar un trombón de juguete. Dudamos, porque hace un ruido increíble, pero está tan ilusionado que al final accedemos. Desde que se lo damos, lo lleva con él a todos lados: a la playa, por la calle, a los restaurantes a los que vamos a comer. Un día, mientras caminamos por la pasarela de la playa, vemos a un hombre que está tocando el saxofón. Daniel se acerca a él y empieza a imitarlo con su trombón de juguete. Intenta unirse a su música. La gente empieza a rodearlos y se queda a mirar este espectáculo divertido y tierno.

Antes de viajar, encontré la propiedad para Dario y su esposa, así que cuando volvemos de las vacaciones vienen a Dénia para hacer la escritura. La casa necesita refacciones y me proponen que yo coordine el proyecto. Debería contratar a los profesionales que trabajarán, administrar el dinero, controlar que todo se haga en tiempo y forma. Ellos saben que pueden contar conmigo en estas tareas tan comprometidas y grandes.

En esos días me entero de que mi mamá está empeorando de salud y decido ir a Rusia. Acuerdo con mis amigos que viajaremos juntos cuando ellos regresen a casa. Iremos juntos hasta Moscú, donde ellos terminarán el viaje, y luego yo cogeré otro un segundo vuelo hacia Perm.

Llega el día y nos dirigimos los tres hacia el aeropuerto. Allí, algo sucede: siento que pierdo la estabilidad que me quedaba. Estoy a 100 kilómetros de mi familia, de mis hijos, y empiezo a preocuparme por lo que puedo encontrar en Rusia. Siento una gran presión y, para relajarme, decido tomar una pequeña botella de vino. Hace años que no lo hago, pero esta vez la tentación volvió con fuerza. Después de la primera, viene una segunda, y, aunque quiero seguir tomando me esfuerzo por detenerme porque me da vergüenza hacerlo delante de Dario y Ariana.

Cuando llegamos a Moscú los despido y me dispongo a pasar las horas que dura mi escala. Busco una cafetería y tomo otro vino. No llego a emborracharme pero cuando subo al avión estoy en un estado seminublado, confuso.

Cuando aterrizo en Perm, lo primero que veo es el cielo de plomo con las nubes bajas. Los recuerdos me están invadiendo y vuelvo a sentir todo el dolor de otras épocas. No puedo soportarlo, estoy por explotar y lo soluciono tomando más vino.

Voy a encontrarme con mi mamá que está desde la mañana en la ciudad porque debía hacerse una serie de estudios médicos. Cuando nos vemos, rápidamente se da cuenta cómo estoy. Mi estado no es terrible, pero ella me conoce bien. Encuentro en sus ojos la misma tristeza y decepción que vi años atrás. Me doy cuenta de que mamá envejeció y adelgazó mucho.

Tras hacer todo lo que necesitamos, volvemos al pueblo, a la casa donde nací. Al entrar veo que, en comparación con mis recuerdos, todo se volvió minúsculo.

Antes me parecía una casa enorme pero ahora la veo pequeña, insignificante.

Planeo pasar dos semanas aquí porque, además de acompañar a mi madre en la espera de sus diagnósticos, tengo que hacer unos trámites, como empadronar a mis hijos. Durante esos catorce días funciono bajo un consumo ligero de alcohol. El cielo de plomo me persigue y me acompaña en cada paso. Hablo con vecinos para que ayuden a mi madre una vez que me marche. Intento convencerla de que haga un pasaporte para tener la opción de hacer viajes internacionales, pero no quiere, no le interesa.

Una tarde, mientras conversamos, me dice:

—¿Por qué te fuiste tan lejos? Podrías haberte quedado a vivir en un pueblo cercano, haber trabajado aquí, conocer a un muchacho y tener niños en tu tierra.

A pesar de que estoy medio nublada por el alcohol, tengo claridad sobre una cosa: todo eso no hubiera ocurrido bajo este cielo de plomo.

—No podía hacerlo, me hubiese muerto aquí —le dije.

En unas horas tengo que marchar. Mi madre no duerme en toda la noche para controlar que no pierda el tren. Un vecino me lleva a la estación. Tengo resaca y debo pasar, en este estado, 20 horas en el tren. Compro unas botellas de cerveza y voy tomándolas durante el viaje para aliviar mi sensación.

Tengo que dormir una noche en el aeropuerto porque el avión sale de madrugada, pero ahora no quiero beber más. Tengo que mantenerme bien porque estoy volviendo a España, mis hijos no pueden verme así.

Mis niños vienen a buscarme al aeropuerto junto con Karim. El pequeño Gaby está enfadado conmigo por haberme ido tanto tiempo. El mayor, Daniel, se alegra inmensamente de que he vuelto. Volvemos a una relativa normalidad.

Empiezo el proyecto de remodelación de la casa de Dario y Ariana. Tengo mucho trabajo que hacer a nivel práctico y burocrático.

Para Navidades vamos a Alemania, a Europa Park, donde compartimos otro viaje maravilloso en familia que quedará en nuestros recuerdos. Pasamos Noche Vieja aquí. Estamos alegres, sin rutina y sin rencores. Sin embargo, yo no dejo de pensar en mi madre, en la situación de mi hermana y en la relación con Karim. Siento que todas las realidades de mi vida penden de un hilo y en cualquier momento pueden derrumbarse y aplastarme.

Cuando volvemos de vacaciones de vez en cuando tomo algunas cervezas; pero solo lo hago por la mañana para no ser pillada por Karim. Me doy cuenta de que lo que hago no está bien y de que en cualquier momento podría caer en una borrachera fuerte, pero no puedo detenerme.

Cuando volvemos a casa, todo empeora. Dénia me agobia. Necesito escapar de aquí, así que empiezo a ir más seguido a Alicante a visitar a mis amigas Ada y Mar. En estos momentos me permito tomar alcohol.

En una ocasión me atrevo a decirle a Karim que quiero que nos mudemos a Alicante.

—¿Por qué? —me pregunta, un poco sorprendido.

—Es que en Dénia no encuentro colegios buenos para los niños y yo no tengo salida profesional ni como estudiante. Quiero trabajar y volver a la universidad. Además, allí hay un nivel sociocultural más alto que puede ser positivo para los niños —argumento—.

Dentro de mí tengo la ilusión de que allí nuestra relación pueda tener más aire y quizás podamos llevarnos mejor, pero eso no lo digo. Mis razones le parecen justas y me dice:

—Busca una vivienda de alquiler. Podemos tener las dos casas y, quizás, podemos pasar los fines de semana aquí.

Empiezo a buscar casa, escojo un colegio para los niños y presento mis papeles para volver a la universidad.

Encuentro un piso precioso, luminoso, con dos dormitorios. Cuando miro la ubicación me doy cuenta que está en una calle por donde yo solía pasar siete años antes, llena de los árboles violeta. Muchas veces había soñado con vivir allí, porque me parecía una calle preciosa. No puedo creer la coincidencia. A Karim también le gusta y firmamos contrato por tres años.

Elegir los muebles y hasta la ropa de cama me genera una gran esperanza, como si al armar una nueva casa estuviera también construyendo una nueva realidad.

Me comunican que me admiten en la carrera de Derecho y Administración de las Empresas.

Toda mi vida que se había vuelto sepia empieza a cobrar color.

La alquilamos en junio pero decidimos pasar el verano en Dénia y mudarnos en septiembre, así que le pedimos a mi hermana que vaya a vivir allí para que el piso no quede solo.

Esta vez no permitiré que mi hermana sufre imprudencias, es mi casa y aquí se fijan mis normas también.

Termino el proyecto de Dario y Ariana, cuando lo entrego todos estamos contentos. El piso ha quedado fabuloso.

Me llama otra gente de Rusia para que los acompañe en la compra de una casa. Acepto uno de los encargos pero esta vez se hace más difícil. Mientras estoy trabajando, en reuniones en bancos o visitando propiedades,

Karim me llama y me pregunta dónde estoy, me dice que los niños me necesitan en casa. No entiendo qué quiere de mí. Yo quiero mostrar que soy capaz de ser una persona independiente. Un día acompaño a mis clientes a ver una propiedad que han encontrado. Al finalizar la visita deciden comprarla. La escritura estará dentro de tres días. Me invitan a un restaurante para celebrar lo que está por llegar. Los niños están en la guardería así que tengo tiempo de ir a comer con ellos. Durante el almuerzo empiezo a tomar vino. Al final de la comida me he terminado una botella yo sola.

Me doy cuenta de que es tarde, así que llamo a Karim para pedirle que recoja él a los niños de la guardería. Mi lengua se mueve con dificultad así que apenas termino la primera frase, Karim se da cuenta de mi estado, y se altera:

—Alcohólica, puta, cabrona, puedes quedarte donde estés. Ni pienses en volver a casa.

Le hago caso y me dirijo a lo de una amiga que siempre está dispuesta a tomar unos tragos. Conduzco borracha y en el camino compro unas bebidas. Cuando llego, le digo:

—Estoy mal y voy a estar peor. Coge las llaves del coche y escóndelas. Cuando empecemos a emborracharnos, cierra también la puerta de tu casa por dentro.

No sé cómo pasan las próximas horas, pero de pronto me encuentro bañándome en la piscina comunitaria de su urbanización. Más tarde, estoy en una dependencia de la policía local. Es de madrugada, estoy intentando explicar que he hecho algo malo. No sé cómo llegué allí, creo que atropellé a alguien.

—No sé qué he hecho, no me acuerdo —le digo a los policías.

Me explican que no he atropellado a nadie pero que rocé a un camión y mi auto está abollado. Me explican que llegué sola a la estación de policía. Son las seis de la mañana.

Me siento en el banquillo y doy el teléfono de mi pareja. Lo llaman y rápidamente viene a buscarme. Una vez en casa, me insulta, me amenaza, me dice que me va a quitar a los niños y que me va a echar del país porque soy una puta alcohólica. Cojo algunas cosas, tomo un taxi y voy al piso alquilado donde está mi hermana en Alicante.

Allí paso unos días con resaca. Quisiera emborracharme más para aplacar la culpa y la desesperación que siento, pero como no tengo dinero, no puedo hacerlo. Quiero destruir mi vida. Si mis hijos ya no son míos, no me queda nada. Esta vez no busco otros culpables, sé que la responsabilidad es mía por no tomar buenas decisiones.

Unos días más tarde, empiezo a salir poco a poco de la resaca. Karim llama a mi hermana y le pregunta:

—¿Cómo está? ¿Bebe?

—No, no bebe más.

—¿Y cómo está?

—Tranquila. No habla mucho.

Me llaman, me ponen una multa y me quitan el carnet por haber conducido alcoholizada. Tengo suerte de que las consecuencias no hayan sido mayores y de que no le hice daño a otras personas o a mí misma.

Luego de unos días, Karim me llama:

—Vuelve a casa, te necesitamos. Pero antes pasa por el psiquiátrico unos días para relajarte.

Sigo sus órdenes, estoy dispuesta a cualquier cosa para recuperar a mis hijos. Como es un ingreso voluntario y ya me encuentro bien, no me dan ningún tratamiento y me hacen pasar solo dos días allí. Estando dentro, empiezo a pensar que quizás fue un error y que lo único que busca Karim es tener pruebas y herramientas para quitarme a los niños.

Después de tanta tensión acumulada, mi vida ha hecho una descarga que ha sido muy cara, física, emocional y económicamente hablando.

En septiembre empezamos una nueva etapa viviendo entre Alicante y Dénia. Yo empiezo a acudir a las clases de la universidad. Mi hermana se queda a vivir con nosotros y me ayuda a cuidar a los niños. La vida toma su camino. Se vuelve estable y, también, apática.

Llegan noticias de Rusia que no nos hacen felices. Me dicen que a mamá la llevaron a una residencia. Unas semanas más tarde me informan que su comportamiento era inadecuado y agresivo y que la han trasladado a un psiquiátrico. Allí no puede recibir llamadas.

Consigo ponerme en contacto con la doctora que lleva el caso y me dice que no la ve mentalmente mal, pero tiene la sospecha de que tiene miopatía neurológica, lo que la hace totalmente vulnerable. Recuerdo que en el último tiempo se quejaba de que las piernas no le obedecían por momentos. Me dice que están esperando los papeles para trasladarla a un hospital para que puedan hacerle un diagnóstico adecuado.

Hablo con mi amiga Oksana y le ruego que vaya a visitar a mi madre al psiquiátrico y que, cuando esté allí, me llame y le pase el teléfono. Me promete que el sábado va a ir. Espero impacientemente ese momento.

Antes de lo previsto, recibo la llamada de mi amiga. Me dice que no pudo visitara mi mamá porque ha muerto.

—No me dieron más información, así que ya estoy regresando a casa —me explica.

Mi mundo se desploma. Voy a la habitación, despierto a mi hermana y le digo que mamá murió. Queda en un estado de shock sin poder moverse ni hablar.

Una de nosotras tiene que ir a ocuparse del cuerpo de mi madre, pero mi hermana aún no tiene papeles para viajar así que le encargo que cuide a mis hijos y parto para Rusia. Es sábado y hay vuelos hacia Rusia solo el domingo o miércoles. Mi tarjeta de residencia está vencida y debería esperar hasta el lunes para solicitar la autorización de regreso, pero no puedo aguantar la idea de que mi mamá esté sola, olvidada, hasta el miércoles. Compro billetes para el día siguiente y viajo. Sé que no tengo llaves para volver a España, pero me da igual, lo solucionaré.

Cuando llego a Perm el cielo luce todavía más amenazante, pero ahora mi temor y mi impotencia se transformaron en rabia e ira. Jamás permitiré que algo o alguien se apodere de mi vida y de mi voluntad, y menos estas nubes. Soy la única que tomará las decisiones. No quiero ni acercarme al alcohol, ya fue demasiado tiempo perdido y demasiado dolor.

Cuando llego al hospital me preguntan si quiero ver el cuerpo de mi madre, pero digo que no, prefiero que en mis recuerdos siga viva. Hago todos los trámites para enterrarla en el pueblo de balneario.

Cae la lluvia, estoy mojada, no tengo ni fuerzas para llorar y me siento atontada, pero mi voluntad de no caer nunca más, sigue viva. Duermo en lo de mi amiga Oksana, no soy capaz de acudir a la casa donde nací. Al día siguiente cojo el vuelo hasta Moscu. Aquí no hay nada más que me ate, nada que me pueda retener.

El vuelo más próximo a España sale de Minsk, cogo tren y voy al aeropuerto. Cuando estoy por subir al avión me detienen y me dicen que no tengo razón legal para entrar a España.

—Tengo ahí a mis hijos.

—No tiene residencia legal, autorización de regreso ni visado en el pasaporte. Si quiere resolverlo, vaya a Moscú pues el consulado más próximo está ahí.

Cojo otro avión para volver a Moscú, allí me buscan unos amigos y me llevan a su casa. Le avisan a Karim lo que ha sucedido. Me acuesto en el sofá y caigo en un sueño por más de 20 horas. Al día siguiente, empiezo el trámite para adquirir el visado. Está terminando la semana y no me han llamado, así que me presento en el consulado de Moscú. Me dicen que si no me han contactado no tenía por qué, que vuelva el martes siguiente. Le digo que tengo a mis hijos en España, que no puedo esperar más. Empiezo a llorar.

Me piden el pasaporte y me dan un visado de 7 días para entrar al espacio Schengen.

Vuelvo a casa y los niños me sacan de mi estado de shock. Intento recuperar las asignaturas en la universidad y de volver a la rutina, pero mi vida no es la misma.

Llega la fiesta del 8 de marzo. Karim me dice que debe enviarles una felicitación a nuestras amigas de Rusia. Le reenvío una propuesta y le digo que yo ya le envié un saludo por whatsapp a una de ellas. Se queda callado y su expresión se endurece.

—¿Cómo puede ser? El hombre soy yo, yo tengo que mandar las felicitaciones en este día—dice, enfadado.

Se da vuelta y se lleva a los niños de casa. Resignada, me voy a la cocina y me pongo a preparar arroz al horno.

Mientras estoy ocupada con la comida, recibo una llamada de policía y me dice:

—¿Es usted Elena? ¿Karim vive con usted?

Me asusto, temo que le haya pasado algo, pero rápidamente me informan:

—Es que hemos encontrado su cartera en la calle.

Me entregan la cartera y algo aturdida pienso: ¿Qué le ocurre a este hombre? Al rato se vuelven a casa ya se dió cuenta de la pérdida, se lo devuelvo, pero sigue en silencio. —Entonces, familia, vamos a comer! —les digo, tratando de poner paños fríos.

—Yo no tengo hambre —dice él, de mala gana, y va a encerrarse a la habitación.

No entiendo por qué se ha puesto así y ya no sé qué hacer con él y sus ataques. No hablamos en todo el día.

Por la noche, lleva a los niños a acostarse, pero oigo desde el salón que Gaby no para de hablar y quejarse. Karim sale de la habitación y me dice:

—Ve a acostarlo tú, que conmigo no se quiere dormir.

Mientras estoy haciendo dormir al pequeño, oigo el ruido de la puerta que se abre y se cierra. Cuando los dos niños están dormidos, vuelvo al salón y le pregunto a mi hermana, que está en el sofá:

—¿Qué fue ese ruido? ¿Quién abrió la puerta?

—Karim se fue —me dice—. No ha dicho nada.

Me quedo sin palabras. No puedo creer que una tarjeta de whatsapp por el día de la mujer desencadenó todo esto y de hecho, rápidamente entiendo que no fue así. Las raíces son mucho más profundas. Hace tiempo que nuestra pareja no funciona. Él tuvo el valor de tomar la decisión con la que yo fantaseé muchas veces. Sé que se fue para siempre. Y esta vez no haré nada para remediarlo, no iré detrás de él pidiendo perdón sin saber por qué.

No sé qué me espera en el futuro, pero de eso ya me ocuparé mañana. Ahora sé que la Fata Morgana que yo vi y perseguí a lo largo de los últimos seis años desapareció, como lo hace cualquier ilusión óptica. Sin ese dibujo en el horizonte, tengo que empezar una nueva etapa de cero.

Capítulo 5

La pastilla roja

"Hasta que el inconsciente no se haga consciente,
el subconsciente dirigirá tu vida,
y tú le llamarás destino"
Carl Jung

Hace unos días que Karim se fue y todavía no sé qué pensar o decir al respecto. Me sacuden sentimientos contradictorios y desgarradores. Por momentos experimento un fuerte odio e ira: ¿cómo se atrevió a abandonarme? Luego paso a la desesperación y ansiedad: ¿qué voy a hacer ahora? Tengo dos niños y no tengo trabajo. Al mismo tiempo, cuando logro acallar por un momento todas esas voces que me aturden, siento que ahora puedo respirar más libremente. El hecho de que él se haya marchado y me haya liberado a mí de la responsabilidad y del sentimiento de culpa me hace estar agradecida y aliviada.

Me siento en medio de una película que vi hace tiempo. Estoy en el momento crucial en el que debo tomar una decisión: si elijo una pastilla mi vida seguirá igual que antes, volveré a la rutina; si escojo otra, la roja, llegará algo nuevo, desconocido. No hay garantías de que sea algo mejor, pero sin duda distinto.

Darme cuenta de que tengo esta posibilidad me genera presión pero, a la vez, me provoca un profundo sentimiento de libertad: independientemente de cuál sea la decisión, hay algo más importante, que es el hecho de que la decisión será mía. A partir de ahora todo en mi vida será mi responsabilidad —suena horrible—; no habrá culpables —suena maravilloso—.

Al cabo de unos días empiezo a preguntarme qué pasará con nuestra familia, cómo nos organizaremos como padres de los niños que ya no somos pareja, y la respuesta no tarda en llegar. Karim me envía un mensaje diciendo que cambie el coche a mi nombre, que los niños vivan conmigo en Alicante y él vendrá de vez en cuando a recogerlos. Me parece que me ha dejado en la mano un guión que he de interpretar. Me puse manos a la obra.

Había otra posibilidad. Podría ir a juicio e intentar quedarme con su vivienda en Dénia por tener dos hijos menores, pero no tengo ganas de pelear por manutenciones o bienes personales. Hago el esfuerzo de separar mis sentimientos y mi perspectiva personal y centrarme en darle lo mejor a los niños.

A mitad de marzo, cuando está llegando el Puente de San José, recibo la llamada de Karim. Sé de qué se tratará esta conversación.

—Hola Karim, ¿qué tal?

—Bien —responde con una voz que parece una cuerda tensada.

Siento su postura preparada para la guerra por los niños. Él me ha contado que cuando su matrimonio anterior terminó, sufrió mucho porque su esposa no le dejaba ver a sus hijos. Partiendo de este conocimiento, sé lo que tengo que hacer para empezar a construir una nueva relación de madre y padre. Quitándome de encima mi orgullo dañado, le digo:

—¿Quieres llevar a los niños a tu casa este fin de semana? Es el día del papá. Si quieres puedes buscarlos directamente el viernes después de la escuela.

—Sí —contesta.

Siento que algo se desinfla y relaja.

—Entonces preparo los cambios de ropa para mandarles.

—Bien —dice, y cuelga.

Se acerca mi cumple. Ya es una buena tradición que llegue con cambios y acontecimientos importantes. No tengo ganas de celebrarlo. Mi mente está ocupada en otras cosas, cómo en pensar qué quiero hacer a partir de ahora, de qué voy a trabajar y qué voy a hacer con mi vida. Los niños tienen que ser felices, es lo que más me importa.

Poco a poco empiezo a recuperar mis amistades y a tener algo de trabajo con traducciones y trámites. Mi hermana vive conmigo. Cuando estoy triste, lloro y le ruego que nunca me abandone.

Mi mundo cercano está compuesto por ella y mis hijos, no puedo perderla. La veo volver agotada de su trabajo de limpieza, por el que, además, gana poco, y me preocupo por su bienestar.

Empiezo a buscar un puesto fijo pero, rápidamente, comprendo que es inútil. Tengo un título pero no vale para nada, porque todo el mundo exige experiencia laboral. Soy una madre soltera con dos niños, sin experiencia a los 38 años de edad. Una mezcla envidiable. En la mayoría de los lugares, además, ponen como requisito hablar valenciano. No tengo posibilidad alguna.

El dinero no nos alcanza y llega el momento en el que tengo que llevar a la casa de empeño mis joyas. Es difícil deshacerme de estas piedras y metales que tanto adoro, pero mis hijos no pueden pasar hambre.

Sigo en contacto con las familias de Rusia para las que suelo trabajar. Algunos me siguen buscando para hacer negocios y trámites en España. Siento que vuelvo a ser yo misma luego de haber pasado por años de doma clásica.

Cuando recibo honorarios, voy a la casa de empeño y recupero las joyas, pero al poco tiempo tengo que volver a empeñarlas. Tengo la ilusión de no tener que hacerlo más, pero en estos primeros meses sin Karim, la presión económica es constante y grande.

Ya llevamos un tiempo de comunicación sin reproches, hablando solo de los niños. Le propongo que nos reunamos y hablemos con claridad sobre nuestra nueva realidad.

Voy a Dénia y nos encontramos en un restaurante para almorzar los cuatro. Hablamos tranquilamente y acordamos repetir esto cada tanto, a los niños les puede hacer bien que nos reunamos como familia. También decidimos mantener nuestra costumbre de ir a esquiar o hacer algunos viajes juntos durante el año. No queremos que los niños vean que hay desacuerdos entre nosotros.

Le pido que, si tiene confianza en mí, me dé un poder notarial sobre nuestros hijos para que no tenga que venir cada vez que necesito una firma. Acepta, me dice que su abogado preparará los documentos. Le digo que siempre será bienvenido en mi casa y que nunca voy a hablarle mal de él a nuestros hijos. Karim me promete lo mismo.

He escuchado muchos relatos de padres separados que, por orgullo e intereses personales, han dañado a los hijos. Yo no quiero hacer lo mismo. Me sorprendo al reconocer en mí misma un brote de madurez y sabiduría. Mi vida ha tomado otro rumbo y yo quiero encontrar nuevos caminos.

Mi hermana obtiene su primera residencia. ¡Por fin, cuánto nos costó conseguirlo! Sabemos que cada proceso de legalización es un camino largo y con muchos obstáculos que no todos superan.

Yo, por mi parte, acepto que no puedo seguir con los estudios en la universidad, pero me propongo ocuparme de mí de otra manera. Me fijo el reto de adelgazar y arreglarme, ya que no me agrada la imagen en el espejo que me han dejado los cinco años de convivencia familiar.

Los sacrificios no siempre favorecen.

En el verano empiezan a llegar rumores de que hay una mujer en casa de Karim. Sabía que iba alguien a hacer limpieza y trabajos en casa, pero no sabía que se había colado en su cama. No me importa, está libre de hacer su vida mientras nuestros hijos no se vean afectados.

En agosto mi hermana tiene que ir a Rusia para arreglar algunos papeles de su parte de la herencia. No es entusiasta, sabe que su viaje no será de placer pues todavía es muy reciente la pérdida de nuestra madre. El vacío puede paliarse pero no desaparece.

Al llegar a Perm ella también ve su cielo plomado. Afuera hacen 10 grados y la lluvia cae fría como una pared infranqueable. Sus maletas se han ido a otro país por error y ella solo lleva un vestido y sandalias. No tiene divisas nacionales para coger un taxi ni nadie que la vaya a buscar. Parece que no es bienvenida, quiere volver a España cuanto antes, pero no lo hace hasta tres semanas después, cuando ha terminado con todo lo que debía hacer.

En su ausencia me doy cuenta de cuánta falta me hace y descubro que no conozco en absoluto a la persona que es mi hermana. No sé sus sueños ni lo que siente. No la conozco a ella porque ni siquiera me conozco a mí. A lo largo de la vida siempre tuvimos obstáculos y ahora tenemos que aprender a hacer una vida juntas. Sé que le he hecho mucho daño, casi siempre sin querer, pero lo hice. Esta vez quiero que nuestra relación florezca a base de cariño y respeto.

El otoño pasa relativamente tranquilo. Ahora cuento con una ayuda económica estable del padre de los niños. Yo tomo todos los trabajos que voy pillando. Unos amigos de Rusia me llaman para hacer un viaje a Madrid junto a ellos, por el negocio de hostelería que están comenzando. Lo hago y descubro un mundo nuevo: conozco mucha gente del sector y recibo mucha información que, sin saber bien por qué, archivo en mi cabeza.

Más adelante, me llaman Victoria y Ander, a quienes había conocido en Dénia. Vienen a visitarme a Alicante y se enamoran del lugar. En esta corta estadía me piden que los ayude a comenzar los trámites de homologación y la búsqueda de una vivienda para mudarse aquí.

Desde el primer encuentro siento una cercanía con ellos como si los conociera de toda la vida. Su hija Lina que tiene cinco años y es un encanto, se me cae la baba por ella. En mi interior anido una esperanza de, algún día, tener una niña, a pesar de que todas las condiciones socioeconómicas me hacen descartar la idea por completo.

Mi amiga Ada intenta presentarme algunos hombres, pero no tengo intención de acercarme a nadie. Ya no me veo en una relación. Cada tanto hablamos por teléfono con Mike, pero solo en plan amistad. No lo dejo acercarse demasiado, han pasado muchas cosas entre nosotros.

Antes de navidad me llama un conocido y me pide una cita urgente para arreglar papeles de un amigo suyo. Vienen a verme a una cafetería cerca de mi casa. Es muy tarde, así que me presento a esta cita de negocios prácticamente en pijama.

Al entrar reconozco a mi conocido y veo a un hombre al lado de él. Me pierdo inmediatamente: es sumamente atractivo y me mira como si yo fuera un tesoro. Hablamos de los trámites que necesita hacer y le dejo a este hombre mi número de teléfono para que me llame y pongamos en marcha lo necesario. También es de un país que pertenecía a la ex Unión Soviética. Vuelvo a mi casa tarde, con su imagen en mi cabeza.

Me llama al día siguiente y quedamos para vernos. Tenemos una atracción fulminante, hay química entre nosotros. A los días me presenta a su hijo mayor porque también necesita coger unas citas. Rezo para que su hijo no detecte estas chispas que tenemos con su padre: supongo que tiene pareja pero no me da tiempo ni ganas de averiguar más. Caigo en una relación tras casi un año de haberme separado.

Respetando aquello que acordamos, con Karim hemos planeado hacer un viaje los cuatro juntos a Alemania después de Noche Vieja. Sin embargo, dos días antes me llama y me dice que no puede volar. No me explica el porqué. Sospecho que aparecieron celos por parte de su pareja actual.

Cojo el coche y me acerco rápido a Dénia para buscar a mis hijos que están en su casa. Le pido que me traiga las maletas con ropa de invierno y de ski que ya tenían preparadas. En este momento tampoco me da más explicaciones. Yo no hago preguntas ni reclamos, prefiero no montar escándalos, pero me voy furiosa.

—¿Por qué no vivimos más con papá? ¿Por qué en su casa hay otra mujer? —pregunta Daniel en el camino.

—Los adultos no siempre pueden estar juntos, pero nunca vamos a dejar de ser papá y mamá para vosotros —le explico.

Al llegar a casa le digo a mi hermana:

—Vente conmigo a Alemania.

Me dice que tiene que trabajar, pero le pido el número de su empleadora y en un rato le consigo el permiso para ausentarse. Llamo a la compañía y solicito el cambio de titular del pasaje de Karim. Me dicen que se puede cambiar el pasajero pero cuesta 250 euros. Dudo por un momento hasta que me informan que pueden cargarlo a la misma tarjeta con la que se pagaron los vuelos. Confirmo el cambio.

A las horas me llama Karim y me pregunta si yo sé por qué la compañía aérea le ha cargado 250 euros a su tarjeta.

—Es por el cambio de pasajero —le digo, tranquila—. Como no puedes ir tú, Tati va conmigo.

No protesta. Sabe que entre los menores y las maletas la ayuda es imprescindible.

Nos vamos al día siguiente. Nuestro presupuesto es muy limitado, pero estamos felices. Disfrutamos la nieve y el descanso. Por un momento olvido las dificultades que me esperan en Alicante.

Al volver me golpean de nuevo la rutina, la falta de trabajo y la incertidumbre del futuro. El invierno trae días cortos y pesados que pasan sin muchas novedades.

La presencia de un nuevo hombre en mi vida no resulta positiva. Empiezo a desgarrarme de celos, pero yo sabía su situación cuando empecé a salir con él y la verdad es que tampoco espero ni quiero que deje a su mujer y venga a vivir conmigo.

A principios de abril me voy a esquiar con mis hijos y Karim a Teruel, disfrutamos de los últimos días de nieve, cuando volvemos, dejo a los niños con su padre, aún les queda una semana de vacaciones de Semana Santa. El hombre me había invitado a ir a Líbano, me puedo permitir esta escapada.

En Beirut todo es un choque y revelación. Al vivir en España por tanto tiempo, casi he olvidado cómo son otros mundos. Como vamos a hospedarnos al hotel de un amigo de él que está afuera de la ciudad, debemos hacer un buen tramo en el coche.

La diferencia entre el centro de Beirut, que fue renovado tras el bombardeo, y las afueras, es brutal. En estas carreteras sin señales de tráfico transitan coches viejos, burros y bicicletas; todo el mundo cree que tiene la razón y grita palabrotas en árabe.

Cuando llegamos me doy cuenta de que estamos muy cerca de Damasco, donde hay un conflicto bélico. ¿Por qué he aceptado este viaje? ¿Dónde me he dejado el cerebro? Creo que está más abajo del ombligo, me reprocho.

Al pasar más tiempo juntos noto que este hombre tiene un consumo de alcohol y drogas cotidiano, por no decir abusivo. Ya no me siento cómoda con él. Al cabo de una semana, cuando se suponía que deberíamos regresar, me dice que no pudo hacer las ventas que esperaba y no tiene el dinero para los billetes. Yo no puedo esperar, mis hijos deben comenzar la escuela. Compro los billetes de vuelta con el dinero que tenía reservado para pagar el alquiler. Me jura que me devolverá el dinero lo antes posible, pero yo ya no creo en nada. Estoy desilusionada y cansada.

Cuando vuelvo, mando las joyas nuevamente al empeño para pagar el alquiler.

El hombre no desaparece: me llama, me promete ayudarme y cambiar nuestra situación, pero son sólo palabras.

A fin de mayo me doy cuenta de que estoy embarazada y cae sobre mí una avalancha de emociones. No sé qué hacer. Cuando le cuento al padre me dice que haga lo que quiera con ese bebé, que a él no le interesa, y se borra de mi vida. Que le den por saco, ya tengo experiencia en contar sólo conmigo.

Cuando comento con algunas de mis amigas que estoy embarazada, abren los ojos y me sugieren que aborte lo antes posible. Cuando les digo que, en realidad, no quiero hacerlo, me dicen que estoy loca perdida. ¿Cómo vas a vivir?, me preguntan. Mi hermana, en cambio, no me da indicaciones. En una conversación, me comenta:

—Nuestra madre estando sola educó a dos hijas. ¿Tu crees que eres menos capaz que ella?

Llamo a Mike, sé que él también me va a apoyar porque, por su religión, está en contra del aborto. No me equivoco: en seguida me da ánimo y fortaleza. Me invita a visitarlo unos días a Reino Unido. Mientras hablo con él, una idea loca se cuela en mi cabeza y acepto su propuesta.

A principio de agosto, mientras mis hijos están veraneando con su padre, vuelo a Reino Unido. Mike viene a buscarme al aeropuerto y me lleva a su casa. Es la primera vez que la visito. Queda en un barrio residencial, es algo antigua y está llena de cosas, pero me resulta acogedora.

Me da mi propia habitación. Su religión y mi embarazo lo tienen alejado de mí, aunque se nota que sigo siendo su obsesión y que aún desea convencerme de que sea su esposa.

Pasamos tiempo juntos y charlamos durante horas en el salón. En una de esas largas conversaciones, siento que llegó el momento de llevar a cabo mi idea. Lo miro a los ojos y le digo:

—Mike, quiero hablar contigo y voy a ser muy clara, independientemente de las consecuencias que pueda traer mi sinceridad. Verás, me preocupa que este bebé que estoy por traer al mundo no tenga un padre en sus documentos, porque esto puede afectar su posición social. Quiero pedirte que te inscribas como padre de este niño o niña. Si aceptas, haré un documento con un notario que deje constancia de que jamás te reclamaremos manutenciones o algo material. Solamente necesito el nombre de un padre para darle un mejor futuro a nivel social. Coge un tiempo y piénsalo bien. Si me dices que sí, estaré contenta, pero si me dices que no, al final de este viaje, desapareceré para siempre de tu vida.

Sé que quizás este pedido es un antojo, un capricho, pero es sincero. Sin pensarlo mucho, me dice que sí, que va a venir a España y le va a dar su apellido a este hijo.

Diez días más tarde cojo el vuelo de regreso. Veremos cuáles serán los resultados de este viaje. Cuando llego, me dirijo a Andorra a pasar unos días con Karim y los niños que están veraneando allí. Pasamos unos días bonitos y luego regreso con mis hijos a Alicante.

El embarazo, al igual que los dos anteriores, pasa fenomenal. Llega el momento de averiguar quién crece dentro de mí. Hago una ecografía y me dan la noticia:

—Vas a tener a una niña.

Cuando escucho esas palabras, empiezo a llorar. Se llamará Sofia.

¡Una niña! Es un sueño que yo tenía con Karim. Recuerdo que un día, estando sentados en el sofá, le dije:

—Karim, ¿quieres tener una niña?

—Sí, sería algo distinto tener una hija.

—¿Y si hacemos una inseminación in vitro y seleccionamos cromosoma X?

Se sobresaltó:

—Oye, que eso está prohibido.

—No seas tan puritano. Tienes muchos amigos ginecólogos, seguro que pueden hacerlo con un par de óvulos míos y tus X seleccionadas, sería garantizado. No se lo diremos a nadie.

Me mira con cara de desconcierto. Creo que lo he asustado.

Sin embargo, ahora conseguí este sueño. Da igual que no tengo a nadie al lado.

Mientras me emociona la llegada de esta nueva vida, las presiones económicas aumentan. Acudo al banco y consigo un préstamo para paliar la situación, pero es sólo una solución temporal.

Hace tiempo he empezado a preocuparme por el estado físico y emocional de mi hermana. Marcha por la mañana, vuelve a las tres, come algo y desaparece en su habitación. Duerme hasta el otro día y casi no la veo. Cuando está despierta dice que le duele la espalda y le duelen las piernas. La convenzo de que deje ese trabajo:

—Necesitamos ingresos, pero si te conviertes en una minusválida será peor —le digo.

Durante los últimos meses de mi embarazo pasamos mucho tiempo juntas. Por las noches nos sentamos en el sofá a mirar la tele y disfrutar de las tapas.

Mike me ha hecho saber que está esperando el aviso de la llegada de Sofía para coger el vuelo. Después de Noche Vieja empiezo a notar contracciones ligeras. Voy al hospital y me dicen que todavía no nacerá. La escena se repite un par de veces.

El 6 de enero me dicen que vuelva el 8 temprano para que me induzcan el parto. Ninguno de mis niños quería salir, a todos los desalojaron y Sofía no será la excepción.

Llego esa mañana, aparco el coche y me presento sola. Me acomodan en preoperatorio. En un par de horas me inyectan oxitocina y el efecto es tan rápido que en tres horas se produce el parto. Otra vez lanzo palabrotas.

Me prohiben parir en el preoperatorio y me dicen que no puje, pero yo no obedezco. Cuando llegamos al paritorio ya tengo a Sofía sobre mi barriga. Mi médica me estaba esperando con los guantes y cuando llego, la miro y le digo, riendo:

—Lo siento doctora, ya hice todo. Le concedo el honor de cortar el cordón umbilical.

Sofía nació a las 14.10. Es una bebé preciosa de casi 4 kilos. El proceso de la naturaleza es maravilloso. Los embarazos y los partos me hacen feliz. A la tarde vienen a visitarnos Karim y los niños.

Dos días después, en el momento del alta, llegan a buscarme mis amigos con un ramo de rosas, como marca la tradición rusa. Qué sorpresa se llevaron cuando me vieron con Maxi. Cosi dirigiendo al parking para conducir mi propio coche.

—¡La madre que te parió! ¿Tú eres de acero inoxidable? —pregunta mi amigo.

En casa me esperan mi hermana y mis hijos.

Una semana más tarde llega Mike y cumple con su promesa. Cuando lo veo poner la firma en el registro civil, no puedo creerlo. Los padres biológicos rechazan a los hijos y una persona absolutamente ajena me está haciendo este favor. Una cosa así no la hace cualquiera.

Cuando llega a casa me detengo a ver cómo la observa. La contempla como a un objeto precioso, la admira como si fuera su propia hija. Me parece muy dulce y emocionante verlo.

Una vez que tenemos el certificado de nacimiento y el libro de familia a mano, vamos al notario y a realizar el documento que dice que no tengo pretensiones materiales.

Mike aprovecha la ocasión y vuelve a preguntarme si quiero casarme con él. Estoy conmovida por todo lo que está haciendo, así que le digo que lo voy a pensar. Unos días más tarde vuelve a Reino Unido. Yo empiezo a recoger, traducir y apostillar papeles para darle a Sofía la nacionalidad británica. Al cabo de una semana mando todo a Irlanda. Solo toca esperar.

En la vida cotidiana me apaño sin pensar mucho en el dinero. Mientras me mantengo activa, todo va bien. Cuando empiezo a pensar, todo se oscurece.

A pesar de todo, la comida no nos falta y mis amigas me pasan ropa y juguetes de sus hijos. Con Karim comprábamos muchos juguetes y ropa para los niños, y yo sentía que era un exhibicionismo innecesario, así que no me disgusta que con Sofía todo sea distinto.

Unos días antes de mi cumpleaños recibo un paquete de DHL. Lo abro con ilusión y encuentro lo que esperaba: el certificado de nacimiento y pasaporte británico de Sofía. Esta vez la sorpresa fue agradable.

En abril viene a visitarme mi amiga Ada, que se había separado y vivía sola con sus dos hijos. Ella también tenía problemas económicos pero, más que preocupada, esto la tenía furiosa. Peleaba con su ex marido por la manutención y se chocaba contra la pared una y otra vez mientras trataba de encontrar empleo. Encontraba las mismas barreras con las que me había topado yo.

—La mejor manera es tener un trabajo propio —me dice—.

La miro atenta, esperando que continúe, pero su remate no me da mucha esperanza:

—¿Cómo montarlo? Solo Dios sabe —dice, abriendo los ojos.

Reímos, pero sus palabras quedan en mi cabeza como semillas que un día iban a germinar.

En los días siguientes, de camino a la escuela de los niños empiezo a prestar más atención a un local que está vacío desde hace tiempo. Siempre me había parecido bonito y ahora empiezo a imaginarme en lo bien que quedaría allí una cafetería: la zona es buena ya que arriba hay oficinas y en los alrededores hay casas y una escuela. Cada día que paso por allí, añado un elemento más a esta idea loca. Empiezo a imaginarme hasta el nombre y el logo que le pondría.

Un día, escucho que existe una financiación especial para personas que quieren emprender: se otorga sin garantes pero debe contar con la aprobación de la cámara de comercio. Una mañana, luego de dejar a los niños en la escuela, me acerco con Sofía en brazos a las oficinas de la cámara de comercio para pedir más información. Me reciben, me preguntan qué quiero montar y dónde. Me explican que debo elaborar un plan de negocios que justifique la viabilidad; me dan unas pautas y unas guías para que pueda elaborarlo. Durante las siguientes noches, mientras los niños duermen, me dedico a leer aquellos papeles y a crear un plan de negocios. Me pongo en contacto con el propietario del local y le pido información sobre el alquiler. Recupero de mi mente los conocimientos que me dio el primer curso de Derecho y Administración de las Empresas. Al menos me permiten entender los conceptos que estoy manejando.

Una vez terminado el plan de negocios me acerco a la cámara de comercio. Lo revisan, me hacen algunas correcciones y, finalmente, me lo aprueban y me dan el certificado de viabilidad.

Voy al banco con todo el papeleo, incluyendo los precontratos y los presupuestos de constructoras y proveedores. Me dicen que todo está bien, pero que tengo que contar con un 30 por ciento de la totalidad de la inversión. No puedo creer que no lo supe antes. Siento que he hecho todo en vano y mi ilusión se desvanece. Mi patrimonio son sólo deudas.

Vuelvo a casa desesperanzada pero, ese mismo día, se me ocurre una idea. Llamo a Mike y le cuento lo que sucedió. Le pido ayuda y, aunque al principio no está convencido, después accede y me dice que me va a hacer una transferencia. La sensación es de doble filo: podré montar mi negocio, pero siento que me estoy atando cada vez más a él. Lo único que él quiere, con lo que va a seguir insistiendo, es que dé el sí para el matrimonio; justamente lo único que no quiero yo.

Tenemos 30 años de diferencia, él está acostumbrado a una vida tranquila sin ruidos y yo tengo tres hijos menores de edad. ¿Qué va a ser de ese matrimonio? Después de unos meses, sobrevivirá solo uno y seré yo. Me gustaría explicárselo pero sé que no va a entrar en razón porque soy su obsesión. Mantengo el silencio y aplazo lo inminente.

En unas semanas me confirman que tengo la financiación. Mi sueño está a punto de cumplirse. Sofía me acompaña en cada visita de negocio y lo aguanta muy bien.

Toca un verano de construcción. Mi ilusión crece con cada ladrillo y cada contrato que se cierra. La gente que pasa se asoma y pregunta en qué se convertirá el local. Les explico que será una cafetería con cosas buenas, bonitas y baratas, y los invito a visitarnos cuando esté abierta al público.

En un momento el miedo de no tener suficientes medios económicos me invade. El susto hace que empiece a dudar de mí misma y de la posibilidad de llevar a cabo este proyecto. Empiezo a pensar que los números no van a funcionar como en el proyecto y decido buscar más inversión. De pronto, encuentro a una chica que quiere ser mi socia. Eso calma mis temores, me alivia y esa sensación no me permite ver que estoy cometiendo un error.

Inauguramos la cafetería el primer día de octubre. Rápidamente me doy cuenta de que, con mi socia tenemos criterios distintos. Empezamos a contratar más personal del que estaba previsto en el plan. Ahora no sólo tengo miedo, sino también la certeza de que los números no van a dar. Empiezo a pasar todos los días en la cafetería, ya que me parece que si salgo de allí algo va a suceder. La cafetería para mí es como un bebé que concebí con ilusión y cariño, y siento el impulso de protegerla celosamente.

Mi hermana se ocupa de mis hijos desde que salen de la escuela hasta que se van a dormir. Lo hace bien, pero no la noto emocionalmente estable. Me preocupan mis hijos y ella.

En noviembre Karim vuelve a decirme que quiere llevar a los niños para que vivan con él. Esta vez cedo:

—Creo que será bueno que vivan contigo un tiempo porque les vas a dar más atención y cuidado.

Es una decisión dolorosa pero pienso en el bien de los niños. Mientras tanto, me entero que mi hermana tiene depresión así que también creo que le vendrá bien aliviar la carga.

En noviembre, teniendo medio día libre con mi hermana y Sofía en brazos vamos a una tienda rusa para buscar unos alimentos que nos hacían falta. Entramos, saludamos a la dependienta, que ya la conocíamos. Al dar vuelta hacia los escaparates me topo con el hijo del padre biológico de Sofía. No sé si sabe o sospecha de la aventura que tuve con su padre. Me quedo casi paralizada mirándolo.

—Hola, Elena, ¿cómo estás? ¿Has tenido una niña? —se acerca y la mira—. ¡Qué princesa! ¿Me dejas cogerla en brazos?

Con la lengua que no me obedece, le saludo y, por supuesto, no hay ningún motivo para rechazarlo. Le doy mi tesoro de ocho meses. Mis piernas están a punto de doblarse. Les miro y un pensamiento pasa por mi cerebro: si supieras a quién estás teniendo en brazos. Mis labios siguen sellados. Sé que él está casado y tiene unos 30 años pero todavía no tiene hijos. Desprende una ternura infinita hacia Sofía. Les hago unas fotos y me pide que se las envíe. A la niña no le hace gracia este tipo peludo y desconocido. Empieza a estar inquieta y a reclamar que le coja. Me la devuelve y la sigue mirando con ojos de admiración. Me despido amablemente y, al terminar la compra, marchamos de prisa, casi escapando. ¿Seré capaz algún día de decírselo? No lo sé. Este encuentro me estresó mucho. Ahora no estoy preparada para lo que podría venir.

En el negocio la tensión crece cada día. Con mi socia somos como pájaro y pez, uno tira hacia el cielo y el otro se sumerge en el fondo del océano.

En Navidades viene a visitarme Ada. Le cuento de la cafetería y le hablo de la situación con mi socia. Le explico que, lamentablemente, no nos entendemos.

—Contigo sería diferente —le digo—. Sería fenomenal que fueras mi socia.

La idea le gusta y me dice que quizás su novio, un joven empresario, podría comprarle a mi socia su parte. Organizamos una reunión con él para el día siguiente. Tras valorar el caso, dijo que sí, que estaba interesado. La alegría es total.

La mitad de la cafetería será mía y la mitad de Ada, pero habrá un porcentaje pequeño que lo pondrá a su nombre para poder actuar como un juez en caso de desacuerdos entre las dos. Me parece una persona seria e inteligente, me alegra ver que Ada tiene a alguien así a su lado.

También nos orienta en los pasos que debemos seguir para que la cafetería funcione: nos ayuda a cancelar la financiación grande que tenemos con el banco, para evitar intereses, y me hace despedir a todos los trabajadores.

El año 2018 está empezando bien. Los clientes están contentos, los productos son buenos, y con Ada nos turnamos para estar en el negocio, así que empiezo a pasar más tiempo con mi hija.

La tregua dura poco. Al cabo de unos meses, justo para mi cumple, llegan dos demandas laborales de las trabajadoras despedidas. La tradición continúa.

En la cafetería hay mucho trabajo pero Ada a menudo falta porque está cansada o porque tiene resaca. Empiezo a mostrar disgusto y le reclamo su falta de compromiso, pero ella utiliza un recurso inesperado para manipularme. Me dice que su novio no está contento conmigo y me quiere quitar del negocio. El miedo de perder mi negocio me hace siega y pierdo el don de razonar. La amenaza me paraliza y decido callar y hacer como si nada pasara.

Una mañana salgo de la cama y recibo un mensaje de Ada.

—Oye, ¿sabes qué pastilla puedo tomar para cortar un embarazo muy temprano?

—¿No crees que tu novio se alegraría? No tiene hijos, quizás le gustaría —le digo.

—Es que no tiene nada que ver con él. Estando borracha me acosté con otro y no usamos protección. No sé qué hacer.

—¿Eres gilipollas?

Me indigna lo que ha hecho. Recientemente se mudó a un piso que le ha dado su novio, y en esa misma casa se ha acostado con otro. A pesar de todo, decido ayudarla.

—Ahora voy a la farmacia y la consigo —le digo.

Empiezo a cuestionarme qué me ocurre, aunque ya sé la respuesta. En Ada me veo a mí misma hace casi 20 años atrás. Está yendo hacia el fondo a la velocidad de la luz igual que lo hacía yo, pero ella no lo reconoce. Sigue su juego, toma alcohol en el negocio y a veces no recuerda ni cómo ha llegado a su casa.

Seguimos trabajando y yo sigo acarreando sus irresponsabilidades. Un día viene al negocio medio borracha. El novio la acompaña, unos pasos más atrás. Ella entra, enfadada, y empieza a decir que las cuentas no le cuadraban, que yo estoy haciendo algo mal.

Me doy cuenta de que su novio está bajo un dominio terrorífico. Parece un conejo que mira a una anaconda. Está hipnotizado por la presión y manipulación que ella ejerce sobre él.

En este momento me dí cuenta que Ada nos enfrentó y manipula a toda la bestia sin ningún remordimiento. La situación se aclaró al menos para mí, pero no tenía solución instantánea. ¡Vaya lío al que me he metido!

Bajo la amenaza de perder la cafetería que amo tanto, levanto la voz y me defiendo. Tras una discusión desagradable, se van. Siento arcadas de lo que acaba de ocurrir.

Tras este día todo se vuelve peor. La tensión no cesa y creo que estoy a punto de explotar.

Un día me llama su novio y empieza a hacerme reproches. No aguanto más.

—¿Por qué le crees? ¿Por qué no me escuchas a mí? Nada es como tú piensas. Ella te miente y hasta te pone los cuernos.

Se produce un silencio aterrador. Con voz fría, me dice:

—Es muy fuerte lo que estás diciendo. Para hacer una acusación así, hay que tener pruebas.

—Las tengo.

—Envíamelas.

En mi cabeza, pasan mil pensamientos: ya no hay marcha atrás, estoy destruyendo una relación y quizás la vida de una persona, pero si no lo hago, será destruída la mía. Me doy cuenta de que tengo un poder destructivo y, bajo amenaza, puedo activarlo. Ya ha sucedido otras veces, pero ahora lo estoy utilizando conscientemente.

Le envío las capturas de pantalla de la conversación que tuve con Ada el día que me pidió las pastillas.

La tormenta no tarda en llegar. Empiezo a recibir amenazas e insultos de Ada. Cuando no aguanto más, la bloqueo. Días más tarde, su novio se comunica conmigo y me dice que ahora es dueño de la parte de Ada y, como mayoritario, es el único administrador.

Viene a verme al negocio. Mientras hablamos sobre la cafetería, de repente me pregunta desde cuándo sabía lo de Ada y por qué no se lo había dicho antes. Le digo que era mi amiga y hasta que ella no comenzó a amenazarme, la protegía. Acordamos que seguiré a cargo de la cafetería.

La presión es tan grande que decido hacer algo para distraerme. Me apunto otra vez a un sitio de citas y empiezo a hablar con un chico de País Vasco que se llama Iker. Me cuenta de su ciudad y me contagia de muchísimas ganas de ir a conocer Bilbao. Él me gusta mucho y, rápidamente, se convierte en una obsesión. Marcharía hoy mismo a visitarlo si me invitara. Normalmente, en estos sitios hay mucha perversión, pero él, además de ser atractivo, es diferente. Es un poco tímido y no se permite hacer comentarios vulgares. Me dí cuenta que tenía algunos complejos y dentro de mi se despertaron las ganas de salvarlo, aunque no me lo había pedido.

Sigo con mi rutina, pero el verano en la cafetería es frustrante. Las personas del lugar están de vacaciones y los turistas no llegan hasta aquí. Los ingresos bajan y estoy cada vez más nerviosa. Los errores cometidos se arrastran y se convierten en una pelota de nieve que no para de crecer. En octubre y en febrero tendré que afrontar los juicios laborales de las dos trabajadoras. Como no tengo personal, paso muchas horas en el negocio. Estoy agotada psicológica y físicamente.

A la medida que crece mi desesperación por el trabajo, mi locura y obsesión por Iker crece igual y me muero de celos. Pasa horas en el sitio de citas, siempre veo que está conectado y, al hablar conmigo por whatsapp sigue en línea más tiempo, lo que me hace entender que habla también con otras chicas. Mi furia se canaliza en palabras. Escribo un cuento y se lo envío con la esperanza de que pudiera entender la situación.

Érase una vez un reino que se parecía a una cantera de oro. La gente venía a este reino en la búsqueda de las pepitas de oro entre arena y barro. Pasaban horas, días, meses, y hasta años. Al llegar al reino algunos se convertían en pepitas de oro, otros en arena y los demás en barro y no lo sabían por la magia del reino. Buscaban y rastreaban entre ellos.

Algunos cansados y desesperados abandonaban, pero había otros que en esta búsqueda olvidaban que había una vida real fuera del Reino y se perdían.

Raras veces tras una búsqueda larga y agotadora algún afortunado se llevaba la pepita de oro y se quedaba con ella.

Entonces llegó por casualidad una princesa al reino pero la magia no la afectó. Tras unos días de paseos encontró una pepita de oro, la más preciosa del mundo.

Al cabo de un tiempo decidió abandonar el raro Reino y llevarse con ella a la a pepita de oro, ya que cada día estaba más enamorada de ella.

Pero la pepita de oro no tenía prisa de abandonar el Reino. ¿Por qué? No se sabe. Quizás no le ha gustado la princesa, quizás no quería volver al mundo real, porque en el Reino no se esforzaba y podía ser lo que quisiera.

La princesa abandonó el Reino sin la pepita de oro y nunca volvió. Mientras se marchaba se preguntaba si el destino traería a sus manos nuevamente a la pepita de oro que había encontrado. Si eso ocurriría, sería la más feliz del mundo; y si no, no habrá remedio de conseguirlo.

No entendió mi mensaje, todo seguía igual, entonces la única solución que veía era retomar el control sobre mis sentimientos . No soy capaz de cambiar el mundo , ni exigir que cambien su vida para complacerme.

A finales de agosto empieza a frecuentar la cafetería una familia con tres hijas preciosas. Eran de ex Unión Soviética así que podemos hablar ruso. Es un alivio, un refresco para mí. Desde nuestras primeras conversaciones veo en ellos una gran sabiduría. No sé a qué religión pertenecen pero sus conocimientos me hacen bien. Parece que no les importa el dinero, pero me doy cuenta de que no pasan ninguna necesidad. ¡Cuánto quisiera vivir sin preocuparme por el dinero!, pienso. Entre los consejos que me dan, hay algo que queda en mi mente: me dicen que no tengo que creer en las personas sino en el propio universo que actúa a través de ellas. Sus palabras me parecen locas e incomprensibles, pero me fascinan.

—Es posible subir el nivel de comunicación con tu universo —me dicen.

Guardo cada semilla que me dejan.

En uno de estos días, meditando sobre lo que me han dicho, recuerdo algunos episodios de mi pasado. Pienso que yo también tengo mi universo, o mi dios, que actúa y me protege desde hace mucho. Desde que caí al fondo del abismo me está ayudando a salir.

Paso más de doce horas diarias trabajando. A los niños casi no los veo, hablamos por teléfono y están bien aunque de vez en cuando se quejan de su padre.

Es duro pero me sigo diciendo que así es la vida, que no es fácil y hay que aguantar. Al menos ya no pienso en el alcohol, aunque lo tengo al alcance. Ahora soy consciente de que en lugar de resolverme problemas me los aumentará. No necesito al alcohol, ni lo deseo.

A pesar de las cajas bajas cuento con el hijo de mí amiga Mar. Un joven que está lleno de sueños, un alma inquieta que quiere conseguir algo mejor en esta vida y busca caminos. Me gusta su actitud. Confío en él y sin preocupaciones le dejó en el negocio, mientras hago otras cosas fuera y cuando pasamos ratos juntos tenemos unas charlas largas y profundas. Estoy seguro de que un día alcanzará sus metas y sueños.

Llega el primer juicio. La empleada me acusa de que le pagaba media jornada y la obligaba a trabajar el día entero. Aparecen testigos falsos que actúan en mi contra, es un teatro patético. Yo he llegado sola y como única defensa tengo conversaciones de whatsapp en las que la trabajadora me avisa de sus ausencias voluntarias y cambios imprevistos de sus horarios de trabajo.

Al cabo de unos días me comunican la sentencia. Estoy obligada a pagar un importe de un euro y 56 céntimos, en lugar de los tres mil que me reclamaba la empleada. Sonrío. Es un pequeño alivio, pero todavía tengo por delante un juicio más. No sé si puedo aguantar tanto estrés.

Con mi hermana decidimos tomar un descanso e ir a pasar unos días a Bilbao. Ella muere por conocer la ciudad; yo, además, atesoro la ilusión de conocer al chico con el que hablaba en la aplicación de citas.

Es la primera vez que dejo mi negocio por tantos días. Mar y su hijo se quedan a cargo esta semana. Realmente no me preocupo mucho, quizás, estoy tan quemada por dentro que ya no me quedan fuerzas para temor, solo quiero desconectarme.

Sin saber bien por qué, antes de ir a Bilbao empiezo a estudiar por internet cuánto cuestan allí los alquileres de locales. Estoy cansada y la idea de empezar algo nuevo es como un bálsamo. No lo veo como una posibilidad real, pero me hace bien contarme este cuento. Encuentro un local que me gusta y coordino una cita para ir a verlo durante nuestras vacaciones.

Llegamos a Bilbao y la ciudad nos recibe con unos días maravillosos. Se respira un aire diferente. Contacto a Iker pero me dice que está ocupado y que no puede verme. Unos días más tarde, nos vamos a San Sebastián.

Estando de paseo se me ocurre una idea. Quiero mandarle un regalo a Iker por su cumpleaños. Es una locura, ni siquiera tengo su dirección exacta, pero este juego me ilusiona. Hago una búsqueda de la zona y deduzco dónde trabaja por la información que me ha dado. Compro un perfume y se lo mando por mensajería. Pienso: si me llama, es que he acertado.

No espero nada, es un regalo desinteresado. Me siento agradecida por su aparición en mi vida, ya que hablar con él me ha ayudado a sobrellevar el estrés del negocio.

Al día siguiente recibo un mensaje: "¡¡Gracias!! Lo recibí. Eres una loca."

Me río, tiene razón.

A diario nuestros caminos se cruzan con los caminos de otras personas y en cada encuentro hay un sentido y lecciones para uno o para otro. Sin embargo, la verdadera razón se revela una vez que pasa el tiempo, tras reflexiones y conclusiones, a menudo cuando ya es tarde y la persona importante se fue de nuestra vida y no hay posibilidad de retorno debido a muchas circunstancias. Quiero aprender a encontrar el porqué de cada encuentro en el momento, para poder disfrutar en el presente. Estoy segura de que es posible.

El local que he visto en Bilbao es un sueño pero es muy costoso. Sin embargo, me voy con la ilusión de la bonita cafetería que se podría poner allí.

Mis problemas con el negocio empeoran cada día, pero me siento un poco más liviana. Los amigos que he conocido en agosto me han brindado muchas herramientas para ver con más amplitud la vida. A su vez, mi hermana ha empezado a estudiar y a leer sobre budismo, obras de Carlo Castañeda y comparte lo que aprende conmigo. En mi casa empieza a haber un ambiente de paz que me reconforta.

Luego de unos meses llega el segundo juicio laboral. Esta vez me presento sin tanto miedo y, efectivamente, sale bastante bien.

En febrero, mi gestor, que se mantenía en contacto con mi socio, me pide una cita. Al llegar a la cafetería, se sienta y, tras beber un sorbo de agua, me dice:

—Imagino que sabes que estamos mal, pero realmente estamos muy, muy mal.

—Supongo —le digo.

—Hay mucha deuda y tú tienes también una deuda personal con tu socio.

—Lo sé y no tengo idea cómo voy a saldarla.

Me mira detenidamente.

—No sé qué le has hecho a este hombre, pero me ha dicho que si te vas y le dejas todo a él, no te perseguirá exigiendo las deudas. Te aconsejo que no rechaces la propuesta porque los regalos así no los recibe cualquiera.

Asentí. Ya sabía que estaba llegando el fin.

Acordamos que seguiría hasta marzo y luego me marcharía. En el día acordado firmamos todo a nombre de mi socio.

A fin de febrero, me llama Karim y me dice que no puede más con los niños. Le digo que me los traiga.

Ese fin de semana los niños vuelven a vivir conmigo. Siento que las piezas se están repartiendo de nuevo, pero aún me pregunto: ¿qué voy a hacer?, ¿dónde voy a trabajar?

Dejo el negocio y, ese mismo mes, me entero que mi ex socio cerrará la cafetería. Este negocio ya no es mío ni en papeles ni en la realidad, pero su fin me duele. El día de cierre miro las cámaras de videovigilancia que todavía tengo conectadas con mi móvil. Observo cómo quitan los muebles, las neveras y me estremezco al ver cómo saquean el local.

Mike sigue insistiendo con que nos casemos y yo, cansada, le suelto todo lo que pienso. Le digo que este matrimonio nunca podrá ser. Empieza a reclamarme la parte que él había puesto en el local y me dice que si no le devuelvo el dinero va a ir a un abogado. Me siento como una bomba a punto de explotar y le digo:

—¡Haz lo que quieras!

Me cuelga. Luego, yo, arrepentida, intento llamarlo, pero ya no me contesta.

Mientras tanto, hago un plan de negocio nuevo, avivo el sueño de retomar mi proyecto en el mismo sitio pero los trámites se alargan. Creo que no quieren que yo entre de nuevo, los dueños del local me culpan de lo sucedido. En parte tienen razón, pero yo sigo peleando.

El 19 de mayo de 2019 recibo una llamada de un número desconocido.

—Buenos días, ¿es usted Elena?

—Sí, ¿en qué puedo ayudarle?

—Me llamo Federico, soy el dueño del local en Bilbao que usted visitó tiempo atrás. Si todavía le interesa podríamos reunirnos y hablar.

Tras el primer shock, le contesto que sí, que aún me interesa. Le explico que estoy en Alicante y que necesito unos días para organizar el viaje y me dice que no hay problema, que me esperará.

En un par de días me organizo y cojo un vuelo. ¿Es una locura? Claro. ¿Una oportunidad? También.

Aterrizo en Bilbao y Federico, el dueño del local, viene a buscarme al aeropuerto. Es un hombre amable y educado. En los siguientes días hablamos de todo: de Bilbao, de las posibilidades de negocio y de las condiciones de alquiler. Me da todas las facilidades para abrir este local.

Cuando vuelvo a casa y le comento la situación a mi hermana, me apoya. Le ha gustado mucho Bilbao y ve con buenos ojos la idea de ir a vivir allí. Los niños ya cambiaron tantas veces de colegio que no les importa hacerlo una vez más. También están de acuerdo con la mudanza. Lo hablo con el padre de los niños y no protesta. No hay impedimentos, está decidido.

En los siguientes días logro lo imposible: consigo la financiación que necesito y vendo mi coche. El 6 de julio vuelvo a Bilbao, firmo el contrato del local y voy a ver un piso para alquilar en el mismo barrio. El dueño es muy amable: me da las llaves, me deja dormir allí esa noche y me dice que partirá el contrato cuando llegue mi hermana con la niña.

El 8 de julio salgo de Bilbao rumbo a Alicante con una furgoneta que Federico me ha prestado. Hago 800 kilómetros en este vehículo viejo que grita como un avión reactivo y por la noche llego a casa.

El fin de semana recogemos las cosas que queremos llevar: plantas, alfombras, ropa. Tenemos también los muebles pero es imposible llevarlos al norte. Le doy algunas cosas a Karim y otras a Mar. Recuerdo mis joyas, que están en empeño, y pienso que pronto volveré a recuperarlas.

Acordamos que los niños pasarán el verano con el papá en Dénia y me los traerá a Bilbao en septiembre.

Me levanto para tomar el café por última vez en este piso donde viví por cinco años. Siento que cierro un capítulo de mi vida donde aprendí a tomar decisiones y a asumir las responsabilidades de mis acciones. Mis errores me han hecho más fuerte. Esta vez no he caído. Llega una nueva etapa y la empezaré, como siempre, de cero.

Capítulo 6

Amanecer

"El mundo entero se aparta cuando ve a un hombre que sabe a dónde va"

Antoine de Saint Exupery

Salgo de casa en silencio. Mi hermana y Sofía tienen el vuelo el 15 de junio así que tendré unos días para arreglar la casa nueva. En el camino, entro a un obrador para comprar unas cajas de mercancía que quiero colocar en mi negocio. La furgoneta se mueve lento. El camino me da tiempo para pensar. Recapitular todo lo que ocurrió en menos de un mes parece surrealista, pero me doy cuenta de que en realidad esta ha sido la consecuencia de muchos pasos que di con antelación.

Últimamente pienso que no sirve analizar demasiado el pasado y que al futuro no hay que prestarle mucha atención: aquí y ahora es donde suceden las cosas más importantes y hay que ser consciente de ello. Vivir, sembrar y llenar cada momento, en la medida posible, de algo que te agrada.

No me atrevo a imaginar cómo será el nuevo negocio. Es una pérdida del tiempo vivir entre las fantasías: sé cómo voy a hacerlo a base de la experiencia previa y de los errores cometidos. Siento la adrenalina pasar por mis arterias y llenarme de felicidad. Saboreo la anticipación de algo nuevo. A unos 15 kilómetros de Bilbao, en una cuesta, la furgoneta se detiene. El motor deja de funcionar. Llamo a Federico y en seguida se acerca a auxiliarme. Hace unas comprobaciones básicas y ve que todo está bien. El motor vuelve a arrancar y, a velocidad muy baja, llegamos hasta el local, donde descargamos una parte de las cosas.

Luego nos dirigimos a la casa que he alquilado y pasamos el resto de la tarde subiendo las pertenencias con el ascensor hasta el piso 18. Esa noche duermo profundamente.

Al día siguiente, me llama Federico y me cuenta:

—He llevado la furgoneta al mecánico y, después de revisarla, me ha dicho que Dios quiere mucho a la persona que la estaba conduciendo.

—¿Por qué? -le pregunto, inocentemente.

—Resulta que se había roto el cable que refrigera el motor y, en lugar de detenerse, podía haber explotado en cualquier momento.

Otra vez alguien o algo quiere que siga en este mundo.

Los días vuelan a la velocidad de la luz. El 15 voy al aeropuerto a buscar a Sofía y a mi hermana. Sofía viene corriendo, emocionada, pues le encantan los vuelos. Los chicos, como acordamos, están veraneando con el papá.

Estoy muy ocupada preparando la apertura. Me fijé el reto de poner en marcha el negocio en dos semanas. Federico, el propietario, me da una mano en todo. Coloco una casita adornada para niños para que las madres vengan a tomar un café con algo dulce mientras sus hijos se divierten. En mi negocio anterior aprendí a hacer unas tartas fantásticas y se me da fenomenal. Pistacho y frambuesa, tarta snickers y red velvet; voy a ofrecer todas mis especialidades.

En toda España, en general, y en País Vasco en particular, hay mucha tradición de cafeterías y aperitivos. Por la calle del local pasa mucha gente, se supone va a funcionar muy bien. No espero gran cosa del verano, pero estoy tranquila porque ya he pagado tres meses de alquiler por adelantado.

Consigo abrirlo en el tiempo estipulado con mucha ayuda de Federico. Le estoy agradecida infinitamente. No entiendo bien por qué lo hace. Sospecho que tiene una debilidad por este local y también me doy cuenta de que me presta mucha atención a mí.

Los niños me llaman seguido; la están pasando fenomenal con el papá. Mi hermana y Sofía van de paseo y se acercan cada tanto a la cafetería. Yo le enseño a mi hermana cómo funciona todo y le hago un contrato. Aunque no va a trabajar aquí de modo permanente, pienso que será bueno contar con ella para reemplazarme. Además, ha de estar en alta laboral para pedir la residencia de larga duración.

Paso mucho tiempo en el negocio porque no quiero caer en la tentación de emplear una persona. Ya cometí el error de aumentar los gastos más de la cuenta en Alicante.

Al cabo de un mes me acerco a un hotel cápsula que está cerca de la cafetería. Es el primero en Bilbao. Como no tienen bar ni restaurante, les propongo que ofrezcan el desayuno en mi local. Los dueños son una pareja joven, me parecen un cielo. Aceptan la propuesta y desde el día siguiente empieza a venir gente por las mañanas con los tickets del hotel.

Un día llega una mujer canadiense. Mi inglés, tras años de conversación con Mike, me permite comunicarme a nivel alto. Hablamos de Canadá y de su estilo de vida. Cuando menciona a Estados Unidos recuerdo mi sueño y una idea me golpea como una ráfaga: ya estoy libre para retomarlo.

Mis pensamientos construyen el camino. Este año, 2019, cumplo 10 años de residencia legal (aunque llevo

14 viviendo aquí). Esto me da derecho de optar por la nacionalidad española. Por la situación geopolítica desde año 2014 la situación con visados se empeoro para portadores de pasaportes rusos, nunca había muchas fronteras abiertas y ahora todavía menos. Los niños ya gozan de todo: dos son españoles y una británica.

Desde aquellos tiempos cuando perdía pasaportes cada año , hoy en día me he convertido en una coleccionista de documentos identificativos míos y de los niños. Todo está en regla, en vigor y en debidas condiciones.

Sólo debo llevar a cabo mi trámite de nacionalidad. Este sueño vuelve a estar vivo en mi mente y cada vez parece más real.

A finales de agosto llegan los chicos y los escolarizo. La casa, el colegio y el negocio están en un radio de 300 metros. Encuentro rápidamente comodidad y estabilidad.

El otoño nos sorprende con lluvias intensas casi a diario. No estábamos acostumbrados, tras vivir tantos años en el sur donde las lluvias son escasas. El clima es muy diferente, pero no tiene nada que ver con Rusia donde las temperaturas pueden llegar hasta 40 grados bajo cero. Nunca más he visto dibujos de hielo sobre los cristales de la ventana, como solía ver de niña.

A finales de septiembre, después de tantas conversaciones virtuales, conozco en persona a Iker. No sé si fue el tiempo o el cambio de circunstancias, pero ya no siento lo mismo que hace un año. Creo que, a lo mejor, apareció en mi vida por algo, pero ahora mis sentimientos son un poco decepcionantes. De todas maneras, seguimos en contacto.

En el último tiempo llegué a la conclusión de que no puedo permitirme el lujo de tener una pareja estable. En primer lugar, porque nadie necesita niños ajenos. Aún si formara una familia, siempre habrá tensiones entre mis hijos y mi pareja, cada uno tiraría la manta hacia su lado y yo tendría un sentimiento de culpa por no tener suficiente tiempo para ninguno. No es un estado deseable para mí. Sería una autodestrucción que no puedo permitirme. Todos estos años de lucha me hicieron llegar a varias conclusiones: mi mente tiene que estar ocupada siempre, para seguir he de extirpar miedo con todas sus hipóstasis, aceptarme tal y como soy y aprender a respetarme a mí misma.

Desde que destrocé el coche no he bebido ni una gota, pero sé que el alcohol será mi enemigo para siempre. Tengo una enfermedad que no puede ser curada. La única posibilidad que tengo es aprender a convivir con el alcohol sin pelearme porque cada vez que lo he hecho, he perdido.

Termina el verano y el número de clientes y ventas no aumenta. Se mantiene fijo, pero no ha alcanzado el nivel deseable. Empiezo a analizar la situación y descubro algo que no me agrada: la información que me había proporcionado Federico sobre cómo funcionaba este negocio antes no se aplica a la actualidad. No sé si no era cierta o ha cambiado, pero de todas maneras es mi culpa por haberme fiado.

Al lado hay una cafetería que ya se ha ganado el mercado. Yo tengo clientes que persiguen calidad y sabor pero la relación ingresos y gastos no me cuadra. Se acerca el momento en que tengo que volver a pagar un alquiler y me preocupo.

A los niños casi no los veo. Van al colegio y mi hermana se ocupa de buscarlos. De vez en cuando pasan por el local para saludarme. Una noche, cuando regreso a casa, mi hermana me cuenta que esta tarde le han devuelto a Sofía sucia, con caca en la ropa. Nadie la ha cambiado aunque tenía una muda extra. El jardín es estresante para ella y no consigue levantarse por las mañanas. Todavía tiene menos de 3 años así que decidimos dejarla en casa.

Dani y Gaby se han integrado bien. Con 9 y 7 años salen a pasear con amigos. Tienen apenas 2 años de diferencia pero son tan distintos que nunca encuentran el punto de conexión. Se portan como dos gallos jóvenes. Los miro, observo sus peleas y me pregunto si tengo la culpa. No sabría decirlo pero no quiero darle lugar a los remordimientos porque son destructivos para mí.

Un domingo de noviembre temprano me despierta una llamada.

Estaba aprovechando a dormir un poco más, ya que los domingos abro más tarde el negocio.

Atiendo. Es la policía.

—¿Es usted Elena?

Las llamadas de policía siempre me ponen un poco nerviosa.

—Sí, ¿qué sucede?

—Tenemos a un chico al lado de su cafetería que dice que la estaba esperando, se llama Gabriel.

—No puede ser, él debería estar durmiendo en su cama —digo, confundida.

—Dice que vino a buscar a mamá a la cafetería para darle una sorpresa.

Les explico que los domingos abro más tarde y le pido que lo traigan a casa. A las 8 y media de la mañana me devuelven a mi niño que había salido de su cama directamente a buscarme.

Estaba completamente mojado por la lluvia fuerte y temblando de frío, pero con una sonrisa inocente en su carita preciosa. Le di un abrazo antes de pasarle a la ducha caliente pensando que ,a pesar de la triste comicidad de esta situación mi hijo estaba guiado por el amor y solo quería pasar rato con mamá en su día libre del colegio , cuando podía dormir hasta la hora de la comida incluso. Que bonito es el amor incondicional.

La situación del negocio empieza a tensarse. Por muy buena relación que tenga con Federico, el alquiler debo pagarlo, y ya no llego.

A finales de noviembre me cortan la luz por falta de pago. Los costos son bestiales y no tengo dinero para cubrirlo. Esa noche unos clientes deben venir a buscar un catering; no sé cómo resolverlo. Decido preparar la cena en casa y se las entrego en la puerta del negocio dando una excusa:

—Hay un problema técnico con la luz, os pido disculpas.

—No te preocupes, gracias igualmente por cumplir.

Se van contentos a su casa. Sólo yo sé el verdadero motivo de este percance y no me agradaba para nada.

Federico vuelve a ofrecerse a echarme una mano y paga la factura para que pueda seguir trabajando, pero ya no estamos tan contentos ni yo ni él.

A los días nos reunimos a conversar.

—¿Le está yendo muy mal a la cafetería? —me pregunta, preocupado.

—Por desgracia sí —respondo, mirándolo a los ojos—. No quiero agravar la situación, estoy pensando ceder el negocio y cerrarlo.

—Es una pena, pero lo entiendo.

Una semana después recibo una notificación de que nos han negado la licencia de venta de alcohol. La cerveza, que forma una gran parte de la caja, debe desaparecer. Es otra luz roja que me confirma que es momento de parar. Empiezo a mirar los sitios web para buscar otros locales. No puedo marchar a la nada, si me voy de aquí necesito abrir algo nuevo, buscar otra posibilidad.

Miro la lista de alquileres en Bilbao y en los alrededores. A mitad de diciembre decido que al terminar el mes, cerraré el negocio. Sé que es lo mejor, pero la idea me atormenta.

Mi hermana, en nuestras conversaciones, me tranquiliza:

—Hemos pasado tanto...Toda nuestra vida es un insuperable reto y nosotras accidentalmente somos dos sobrevivientes. Vivimos tantas situaciones que matarían a la mayoría, y seguimos vivas y sanas.

Tiene toda la razón. No sé a dónde vamos, pero sabemos que nos dirigimos a un mayor bienestar. No hablamos de dinero, sino de paz interior y de equilibrio. Hace rato hemos empezado este camino.

El día 31 de diciembre hago un viaje en el día al consulado ruso en Madrid para buscar el pasaporte de Gabriel. Mi hermana se queda en el local atendiendo a los últimos clientes. Los niños están con el papá por navidades y Sofía está jugando en la casita de la cafetería, mientras Taty atiende a los clientes. Es una niña celestial, tranquila, amable y obediente realmente es un regalo por la valentía mía de traerla a este mundo.

En el camino de vuelta en el autobús vuelvo a mirar, como cada día, la página de alquileres de locales. De repente me llama la atención un local en alquiler en Portugalete. Conozco ese pueblo, está a menos de 20 kilómetros de Bilbao. Es un sitio poblado hasta donde llega la metro.

Bajo del autobús el 31 de diciembre a las 7 de la tarde y llamo al propietario. No se me ocurre un mejor momento para hablar de negocios. Conversamos durante una hora y media sobre el negocio, sobre quién soy y lo que busco. Acordamos la visita en un día todavía mejor: el 1 de enero a las 5 de la tarde.

Llegamos a Portugalete. No hay nadie en la calle, pero en este día y horario tiene sentido. El local me gusta mucho: tiene todo lo necesario para abrir al público en breve. Además, el dueño me cuenta que los últimos inquilinos lo dejaron hace 10 días y pienso que eso es muy positivo, ya que todavía los clientes no perdieron el camino hasta aquí. Después de valorar todo, le digo a Antonio que tengo que pensarlo pero le prometo que no tardaré en llamarlo.

Vuelvo a casa y no paro de rumiar la idea. Sé que este negocio puede funcionar y tiene potencial para generar ingresos para mantener a mi familia. En toda esta visión idílica hay solo un problema: tengo apenas 400 euros en el bolsillo y las condiciones de alquiler suponen dar seis mil euros de reserva y un par de meses de adelanto del alquiler. ¿Qué hago? Una vez más, decido jugarme por el todo o nada.

Días después, llamo a Antonio y le pido una reunión. Me presento, hablamos un rato de generalidades hasta que, le lanzo:

—Mira Antonio, yo veo una posibilidad grande de que el negocio funcione. Tengo experiencia y aparte de ganas, tengo una gran necesidad de salir adelante, porque tengo tres hijos y una hermana que necesita mi ayuda. Pero, te voy a ser sincera, no tengo ni un duro. Sin embargo, si me dejas este local te prometo ponerlo en marcha en 10 días y luego ir pagándote lo adeudado.

—¿En 10 días? Eso es imposible.

—Ya verás que sí.

Me mira un momento, se rasca la frente.

—Probablemente soy el gilipollas más grande del mundo, pero me haces creerlo, va a ser que sí. Te dejo el local.

—Haré todo lo posible para no decepcionarte —digo, con una emoción y sorpresa incontenibles.

El 5 de enero, en vísperas del día de Reyes, contrato una furgoneta para buscar todas las cosas de mi negocio anterior y llevarlas a Portugalete.

Cuando llego, media calle queda ocupada con mis cajas y objetos. Antonio se acerca y mira el panorama:

—Vaya herencia —dice, meneando la cabeza.

—Vengo preparada.

Me ayuda a meter mis cajas adentro y se va deseándome suerte. Vaya si la necesito.

Al quedarme sola, todavía no puedo creer lo que acabo de conseguir con 0 euros de inversión.

Contacto a mis antiguos proveedores y empiezo a acomodar las cosas con amor y cariño. Tengo casi todo para la apertura. El 7 de enero vienen los proveedores que había citado y, al final del día, ya tengo cafeteras y el grifo de cervezas. Todos me han dado facilidades y aplazamientos y me han deseado éxito. Comienzo a organizar la inauguración.

La gente del barrio pasa, me da la bienvenida y pregunta qué pasará en este local. Les comunico que abriré un nuevo bar.

—El viernes 10 de enero os espero en la inauguración —les digo, entusiasta.

La madre que me parió, quedan apenas tres días.

Contrarreloj, termino de poner a punto el local y cumplo con la promesa. El viernes por la tarde abro al público y ofrezco la primera ronda de pinchos y cervezas. La gente está feliz y, compran una segunda y tercera ronda. Además me dejan propina. Termino el primer día con una buena caja. El año 2020 ha empezado bien.

Cada día me levanto a las 5 de la madrugada, salgo de casa y cojo el metro para ir a trabajar. Tardo unos 40 minutos en llegar a Portugalete y sobre las 7 debo abrir el bar para servir el desayuno a los trabajadores. Cierro dando las últimas copas sobre las 23. Llego a casa a medianoche y caigo muerta de cansancio, pero feliz. Toda la falta de descanso se compensa económicamente. Hago buenas cajas, cumplo con todas las promesas y traigo dinero a casa. Hay una máquina tragaperras en el local que funciona de maravillas. Me da un poco de culpa pero prefiero no ver, porque esta máquina me ayuda a pagar el alquiler y a cubrir la parte de fianza que debo. Funciona todo muy bien.

Un día me visitan unas chicas de la comunidad rusohablante y me proponen hacer una fiesta en el bar en ocasión del día del estudiante en Rusia. Les digo que sí y la organizamos. Ese día de fin de enero el bar se llena de gente. Traen a una chica a cantar en vivo y la gente del barrio flipa. Todos quieren participar de la fiesta. A las 2 de la noche una vecina llama a la policía y nos denuncia por ruidos molestos, pero cuando viene la policía y ve que tengo licencia hasta las 4, me dicen:

—Cerrad la puerta y continuad la fiesta adentro.

Así hacemos y la fiesta se extiende hasta el último minuto. He hecho una caja fabulosa, me han vaciado todas las neveras.

En febrero el ritmo empieza a pesarme. Decido comprar un coche porque eso me puede dar dos horas más de sueño, algo que en este momento es un tesoro.

Les comento a algunos clientes del bar que estoy buscando un coche y empiezan a aconsejarme concesionarias que debería visitar.

—Estoy muy ocupada para ir a esos lugares. A mí me tienen que traer el coche al bar y dejar las llaves sobre la barra, yo les entrego el dinero y me hacen el cambio de titular.

—¡Qué jeta tienes nena! —me dice uno.

Los demás ríen.

Antes de acostarme, miro los sitios de anuncios y una noche un coche que llama mi atención. Es muy parecido al que yo vendí en Alicante antes de marchar y el precio es más que conveniente.

Al día siguiente escribo a este número y le digo que quiero verlo y que lo más seguro es que voy a comprarlo. Me lo trae al local y damos una vuelta por el barrio. El coche es fabuloso, tiene pocos kilómetros y va muy bien. Lo quiero. Le pido unos días para reunir el dinero y me dice que necesita una fianza. Le doy 300 euros y se va.

Cuando le cuento a los clientes del bar me miran con gestos de sorpresa y lástima.

—¿Como se te ocurre dar dinero a un desconocido? —me pregunta uno. Está claro que piensa que soy una idiota.

—¿Qué más da? Si es mío, será mío —le respondo.

Si estoy aquí es gracias a la gente que ha confiado en mí, así que yo también quiero confiar en otros.

En unos días reúno el dinero y llamo al dueño del coche.

—Estoy lista. ¿Cuándo puedes venir?

Al día siguiente se presenta, me deja la llave en la barra del bar y se va a hacer el cambio de titular.

El coche me reduce el tiempo de viaje pero sigo viendo poco a mis hijos, ya que cuando llego están durmiendo y cuando salgo por la mañana, también.

Un día salimos de paseo y me doy cuenta de que Sofía le dice mamá a mi hermana. Yo pasé a ser Elena. Para una nena que acaba de cumplir tres años la mamá es la que está al lado, y menos mal que, al menos, es mi hermana. Sin embargo, me pregunto, ¿qué va a salir de esto? ¿Cuánto puedo seguir con esta rutina asfixiante? Necesito un respiro.

No tarda en llegar una respuesta. A finales de febrero , mientras estoy trabajando , me llama mi hermana y dice que a nivel intuitivo siente discomfort , por eso necesita acercarse al banco para pagar las tasas de su residencia, pero Sofía tiene algo de fiebre, le digo que vaya a hacerlo si o si, es importante , además no está lejos y resfriado de Sofía no es grave Al día siguiente, las dos están mal así que por dos semanas se quedan en casa, pero con pagar las tasas presentamos documentos telemáticamente. Los niños van al cole solitos, sin problemas.

En el bar empiezo a poner la televisión y a ver las noticias. Hablan de pandemia. No entiendo qué pasa. Hace rato se rumoreaba del covid pero no le había prestado atención.

Empiezan a hablar de situación de alarma, cierre de negocios y confinamiento. No lo puedo creer. Apenas hace dos meses que estoy estable y empezando a arreglar mi situación económica. El 15 de marzo de 2020 obligan a cerrar negocios. ¡Vaya regalo para mi cumple!

Nos quedamos en casa sin poder salir. Todo es incertidumbre. No he tenido tanto tiempo libre para mí y para mis hijos en muchos años. Cada día reflexiono sobre lo que ocurrió en mi vida y lo que aún está por llegar. Mi gestora me dice que presente papeles para tener la ayuda social, pero todavía tengo una deuda con seguridad social por el negocio anterior. Cuando Antonio me llama para preguntarme cómo estoy, le lanzo todas mis preocupaciones.

—Es una situación de emergencia, así que por el alquiler no te preocupes, que nadie te lo va a cobrar —me tranquiliza—. Además, tengo tu dinero de la fianza, dime cuánto necesitas y te lo transfiero.

Logro pagar la deuda y consigo la ayuda social. Eso nos da un respiro, pero los números en casa no cierran.

El mundo se detiene, en este momento entendemos la premonición de mi hermana y la prisa con la que tenía que tramitarlo todo, presentamos al tiempo su solicitud y ahora solo queda esperar, en lo que atañe a mi nacionalidad la cosa se ve más complicada. El único documento que me hace falta es dichoso certificado de antecedentes penales de mi país, está encargado, pero bajo circunstancias dadas no se sabe cuando puede ser tramitado y entregado a mi.

El lado positivo de todo esto es que Sofía volvió a llamarme mamá.

Daniel, mi hijo mayor, con 10 años, me sorprende. Empiezo a darle el dinero para que vaya solo al supermercado, ya que sólo puede salir una persona. Comienza a hacer las compras y también a preparar la comida. Le gusta la cocina, así que le enseñamos a hacer pechuga de pollo con champiñones en salsa de nata y se convierte en su plato estrella.

Un día se levanta temprano y, con ayuda de youtube, se pone a preparar el desayuno. Cuando por fin nos permite entrar a la cocina nos encontramos con una torre de crepes hechos por él. Aunque no puedo evitar pensar que tendré que limpiar durante el resto del día esta cocina, es maravilloso.

Gaby está enganchado a los gadgets, pasa horas jugando y eso ocasionó una situación poco agradable. No sé de qué manera pudo acceder al método de pago de mi cuenta de Google, pero una mañana descubrí que hasta las 2 de la noche se cepilló todo el dinero de la cuenta bancaria que era de 300 euros. Me costó mucho contener la rabia, puede anular las transacciones y devolver el dinero, quiero creer que fue un error sistémico y no ha sido el hecho de tener en casa un hacker. Sospecho que sufre el síndrome de hermano mediano, piensa que yo quiero a Dani y a Sofía más que a él. No hay forma de convencerlo de lo contrario.

Me doy cuenta de que me había convertido en una máquina de ganar dinero y en los últimos años he tenido poca comunicación con ellos, no les falta techo, no les falta comida, mi presencia si. Mis recuerdos me sacan ejemplos de infancia : yo y mi hermana crecimos como hierba mala, nadie tenía tiempo para educarnos y no sabría decir ahora si la vida de mis hijos será mejor si les sobreprotege. En las conversaciones con Tati recordamos cuando vivíamos en casa y teníamos nuestro huerto. Sería estupendo tener algo de tierra para poder cultivar.

Después de casi dos meses llega la noticia de que, con restricciones, se pueden abrir los bares. Decido hacerlo de inmediato. No tengo miedo del covid y la brecha económica es muy grande. A medidas de mayo, abro y me convierto en uno de los cinco bares abiertos de la zona. La terraza se llena de gente, no va tan mal.

Antonio me comenta que está comprando un piso para ponerlo en alquiler.

—Lo quiero —le digo. Hace un tiempo hablamos con mi hermana sobre la idea de mudarnos a Portugalete.

—Pero sólo tiene dos dormitorios —me advierte.

—Me da igual.

—Déjame arreglarlo un poco y te lo alquilo.

Dos semanas después me da las llaves y, con una furgoneta pequeña, hacemos la mudanza. Dejo la mitad de mis cosas en Bilbao, cada vez tenemos menos pertenencias.

En el piso nuevo estamos más apretados, pero estamos bien. Finales de junio Karim viene a buscar a los chicos, con precauciones, y los lleva a veranear con él a su nueva casa en la montaña.

Tras las primeras semanas de locura por tomar aire en la terraza del bar, la situación empieza a decaer. Las personas mayores que acudían dos o tres veces al día, han desaparecido. Las cajas bajan a la mitad. Las calles están dominadas por el miedo a un enemigo invisible.

En paralelo, empiezo junto con mi hermana un proyecto de huerto ecológico. Necesita trabajar y hemos descubierto que la hostelería no es para ella, ya que un día que me cubrió en el café de Bilbao tuvo un ataque de pánico al recibir varios clientes a la vez. Cuando empezamos a pensar en el huerto le ha gustado la idea y creo que esto puede sacarla de las redes de depresión. Estoy dispuesta a mucho para verla activa y feliz.

A principios de septiembre vuelve Daniel. Karim me comunica que Gaby quiere quedarse a vivir con él. No me sorprende demasiado, porque antes de marcharse Gaby me dijo, en una bronca, que soy la peor madre del mundo. Pienso que no sabe realmente lo que está decidiendo, es solo que de vacaciones, sin colegio, disfrutó de una rutina diferente y le gustó. Sin embargo, acepto que se quede sin poner objeciones; tiene libertad de decisión.

Recuerdo que hace un año mi hermana me comentó que aquí hay una escuela de arte dramático para niños. Todo lo que escucho me llega a la consciencia tras un año. Inscribo a Daniel y los sábados empieza a acudir a clases.

Llega el otoño. Por lo general gozo de buena salud y mi analítica siempre sale perfecta, pero en los últimos meses me está molestando el hombro derecho. A la hora de conducir o cuando duermo, experimento dolor. No estaba haciendo caso, pensaba que eran contracturas por las cargas del bar y el estrés, que ya iba a pasar, pero una mañana, al despertarme, descubro que no puedo levantar el brazo. Cae como una cuerda sin vida. Solo puedo mover la mitad del codo hacia abajo. Tengo miedo de haberme quedado minusválida. Voy corriendo al médico, me hacen una resonancia magnética y me entero que tengo los hombros destrozados.

Cuando acudo a la traumatóloga, me dice:

—No pasa nada, a mí también me paso y ya lo tengo recuperado.

Me hace una infiltración y me manda a rehabilitación.

—Va a tardar en recuperarse, pero lo conseguirás —me asegura.

Más tranquila, vuelvo a trabajar. Mis días pasan entre el bar y la fisioterapia. A partir de ahora debo a cuidarme mejor. Una chica rusohablante empieza a venir al bar y le ofrezco que trabaje algunas horas para cubrirme.

La situación pandémica mejora y empeora constantemente. Abrimos, cerramos y hablo todo el día con las mismas personas de lo mismo. Siento que mi mente se está deteriorando. Estoy perdiendo la práctica de inglés y no aprendo nada nuevo en mi día a día. No es esto lo que quiero, pero por el momento no tengo otra alternativa.

Cuando se acerca el cumpleaños de Gabriel, en otoño de 2020, a pesar de las restricciones, planeo ir a verlo.

Hace días que pienso en el padre biológico de Sofía y, sobre todo, en su hermano mayor. Pienso que él tiene derecho a saber que tiene una hermana. Una noche le mando un mensaje y le cuento lo que ocurrió. Me contesta y me dice que me cree, pero que quisiera estar seguro. Le digo que podemos hacer un test de ADN.

—No, no hace falta —me dice después—. ¿Dónde estáis?

—Ahora vivimos en Bilbao.

—¿Y no vais a venir nunca?

Le cuento que estoy planeando un viaje para visitar a Gabriel en el que no creo que Sofia venga conmigo, pero le ofrezco vernos nosotros para hablar en persona.

El día de vuelo llego y descubro un aeropuerto vacío, ya que sólo está permitido viajar con necesidad justificada. Daniel viene conmigo y, cuando llegamos, se va a hacer un viaje con el papá mientras yo me quedo con Gabriel en el piso de Karim. Me parece que Gaby está un poco triste. Pasamos unos cuantos días juntos.

Cuando llega el momento de volver a Bilbao, se presenta la pareja de Karim y empieza a reprocharme que no llamo a Gabriel a diario. Me dice que está aburrido y triste y que cuando no lo llamo se vuelve agresivo.

—Vosotros habéis convencido a Gabriel de que iba a ser todo una maravilla. Él se quedó con el padre, es su responsabilidad ahora hacerlo feliz y darle lo que necesita. ¿Y tú quién eres para reclamarme algo? —contesto manteniendo la calma.

Volvemos a Portugalete y pasamos tranquilamente las Navidades. Daniel empieza a prepararse para un concurso que se llama Clásica viva organizado por la Casa Rusa de Madrid donde debe recitar un texto de literatura clásica. No ha sido fácil enseñarles ruso pero poco a poco se han vuelto bilingües. Le pago clases privadas de ruso para que mejore su pronunciación. Mientras tanto, sigue haciendo arte dramático en español.

En enero llega la resolución: nos conceden una parcela para desarrollar agricultura ecológica. Una ilusión otra vez, algo distinto. Una oportunidad de pasar tiempo al aire libre, disfrutar de la naturaleza y darle un proyecto a mi hermana, todas son buenas noticias.

Debido a la pandemia, recibimos la residencia permanente de mi hermana con retraso de muchos meses, pero es un alivio , todavía no se sabe nada de mis antecedentes penales de Rusia, sigo esperando con paciencia.

Daniel pasa todas las etapas de Clásica Viva. Estamos esperando el final del concurso. No podremos llegar a Madrid por la pandemia, pero participa a través de zoom. Lo hace muy bien. Podría haber ganado, pero excedió en el tiempo. Sin embargo, sé que queda grabado en el corazón del presidente del jurado.

Sofía está contenta, va a un colegio pequeño y son sólo siete niños en su clase. Ahora habla en español y en euskera en la escuela, en casa ve dibujos animados en inglés y conmigo habla ruso.

Mi grado de aburrimiento en el bar me hace buscar algo más con lo que pueda entretenerme. En febrero encuentro una diversión útil: accedo al mundo de las criptomonedas. Cuando le cuento a mi hermana me dice que desde hace años sabía de la existencia del bitcoin. Nos sumergimos en la temática, cada una por su lado. Al principio pones 50 y pierdes 50; rara vez ganas, pero la paciencia es la clave.

Al inicio de marzo Dario se pone en contacto conmigo. Me pide que haga un viaje a Dénia para resolver unos asuntos ya que por la pandemia hace dos años que no viene a España.

Empiezo a organizar el viaje. Mientras tanto, lega mi antecedente penal y lo envío a traducir. El día 20 de marzo cogemos un vuelo a Alicante con Sofía y Daniel. Al llegar a Dénia, Karim nos deja en el piso y lleva a Daniel a la montaña. Empiezo a trabajar en los trámites para Dario y las llevo al cabo satisfactoriamente.

El viernes es mi cumpleaños, como siempre no pienso celebrarlo, y lo que más importante no espero sorpresas, parece que todo va bastante bien, pero quien sabe mi vida es un imprevisto total. Contacto al hermano de Sofía y le digo que vamos a pasar el fin de semana en Alicante, que puede conocerla si quiere. Me pide que la lleve a su casa y la recibe, junto a su mujer, con mucho amor. Se queda a dormir allí y, al día siguiente, cuando voy a buscarla, me doy cuenta de que se divirtió mucho y la han tratado como a una princesita.

Cuando la recojo, volvemos a Dénia y Karim me trae a los niños. Sigo notando triste a Gabriel.

—¿Qué te pasa? —le pregunto.

—Quiero volver contigo pero tengo miedo de decírselo a papá.

—Soy tu mamá, siempre te voy a apoyar en tus decisiones. Si me dices que quieres volver conmigo compro los billetes ya mismo, pero como esta es tu decisión tú se la tienes que comunicar tu a papá. Yo estaré a tu lado.

Lo llamamos y Gaby, balbuceando, le dice al papá que va a volver conmigo a Portugalete. Oigo réplicas, le dice que se quede hasta el fin del curso, que puede ir con mamá en el verano.

—Quiero volver con mamá ahora —sentencia y cuelga el teléfono.

—¿Ves? Ya se lo dijiste, va a estar todo bien —lo tranquilizo.

A los minutos me llama Karim. Tengo que tener alejado el teléfono para no dañar mis tímpanos. Me dice de todo y me pide que lo convenza para que se quede.

—Me está pidiendo ayuda y soy su madre. Voy a llevarlo conmigo como me está pidiendo. Tráeme su bolso. Me da igual si lo hará. Entro a la web y compro el billete para Gabriel.

Al día siguiente vamos con los niños a la playa y cada vez que suena el teléfono Gaby me mira con ojos preocupados.

—¿Quien llamó? —pregunta.

A la tercera vez, le digo:

—¿Tienes miedo de que sea papá?

—Sí.

—No te preocupes, ya está decidido, volverás conmigo.

El día del vuelo no se presenta Karim a darme el bolso, pero viene su pareja y me monta un escándalo. Me dice que soy una mala madre. Gaby está siempre preocupado, mirando hacia atrás y sólo cuando el avión despegó se relaja y vuelve a ser un niño normal.

Llega el momento de presentar la solicitud de nacionalidad. El 8 de abril de 2021 subo toda la documentación con firma digital al Ministerio de Justicia. Ahora toca esperar hasta que se resuelva.

Espero que el proceso no dure cinco años como en el caso de mis hijos.

La industria de criptomonedas está al alza y con mi hermana descubrimos nuevos proyectos y pisamos este terreno con más seguridad, el mundo de las inversiones y finanzas no nos suena a chino.

En el proyecto de la huerta ecológica por las demoras de los trámites burocráticos tenemos la consciencia de que perderemos la cosecha de esta temporada,porque a finales de primavera toda hortaliza debería estar plantada en los invernaderos y a estas alturas este objetivo es inalcanzable, pero seguimos haciendo lo que pueda y no nos desesperamos.

Mi hermana había comprado unos hámsters para Daniel pero se habían puesto malos y habían muerto, uno a uno. Vamos a comprar un nuevo hámster y decimos que será el último. Cuando llegamos a la tienda de mascotas, mi hermana se detiene al lado de un escaparate de cristal.

—Mira, pensaba que estaba vacío —me dice—.

Observo y, entre papeles rotos, hay un cachorro. No se mueve, apenas nos mira. Me parece tan raro que se comporte así.

Volvemos con el hámster a casa. Al día siguiente mi hermana me dice:

—No se me sale ese cachorro de la cabeza.

Volvemos a la tienda de animales y preguntamos por el cachorro. Es una border collie. Al sacarla del escaparate se agarra a nosotras temblando y se mea encima de miedo, tiene tres meses y medio, dos meses de su vida pasó detrás de cristal aislada del mundo exterior, es mucho tiempo para estar en un escaparate. Tras una mirada con mi hermana, dudas cero, hay que sacar este ser herido psicológicamente del cubo, pagamos 600 euros por este cachorro y nos vamos felices. el pago de alquiler puede esperar, una vida en peligro no. La llevamos a casa y la llamamos Ágape.

Los niños terminan un nuevo año de cole. Gaby no quiere ir a veranear a la casa de papá. Daniel se va a

Cantabria a un campamento de verano y pasa un par de semanas allí.

Está entrando en la adolescencia y la tensión conmigo crece. Cuando el padre viene a buscarlo para pasar el verano juntos, estamos con mi hijo en pleno conflicto me dice que me odia y que se va a quedar a vivir con el papá. Ya veremos cuánto dura.

Decidimos invertir importes más notorios en criptomonedas. criptomonedas. Utilizamos el dinero recibido para la inversión en la huerta ,hasta el momento cuando lo necesitamos lo duplicamos, arriesgamos. Miles de euros. Al poco tiempo hay una caída, pero no nos asustamos. Compramos más criptomonedas para igualar este precio pensando que no va a caer más. Sin embargo, hay otra caída. Sigue cayendo y cayendo y vemos que miles de euros se convierten en cientos de euros. Es un horror. Nos miramos la una a la otra y decimos:

—Este es el precio por nuestra aprendizaje.

No vendemos los activos, los dejamos apartados para ver qué pasa más adelante.

En una ocasión, conozco por internet a un hombre. Me resulta una persona sabia, agradable e inteligente. Las horas de conversaciones con él son un alivio para mi mente que se está oxidando. Es de Madrid pero un día me comunica que tiene que viajar a Bilbao y acordamos encontrarnos. Cuando viene, salimos a cenar. Me cuenta que es miembro de Academia de las Artes y las Ciencias Cinematográficas y es profesor en la Universidad y está en la facultad de ciencias Audiovisuales. Determino que es una persona muy interesante y útil. Al terminar la cena damos un paseo y le llevo hasta el hotel. Se supone que continuaremos en su habitación, pero me escapo como una cobarde dejándolo solo en la recepción. Le deseo buenas noches y me voy de prisa sin saber por qué. No me entiendo a mí misma. Quizás la ausencia de hombres en mi vida me volvió tímida. A pesar de mi huída, me visita en la cafetería al día siguiente con su amigo. Hablamos y se van. Finalmente quedamos en una buena amistad.

Al bar le dedico menos atención que antes, pero igual me estresa. Con esfuerzo, me he recuperado del hombro.

—Estoy agotada y ya no tengo las cajas que hacía antes —le digo un día a mi hermana.

—Déjalo —me dice.

Ella pone en palabras algo que ya sé que debo hacer. Después de esta puerta, se me abrirá otra, pero tengo que cerrarla. Es ley de vida. En ningún momento desde que me quedé sola pasamos hambre o dormimos en la calle. Mi universo me protege, ¿qué puede pasarme?

Comunico a Antonio la decisión de cerrar y le digo que esperaré hasta que encuentre un nuevo inquilino, al que puedo dejarle hasta la última cuchara. Intenta convencerme de continuar, me pregunta de qué voy a vivir, pero ya no tengo miedo de marcharme.

— Antonio, no me voy a otro local, es que voy a dejar la hostelería —le explico.

Él hace una serie de entrevistas en el bar y yo enseño a los pretendientes todo lo que hay. El 1 de agosto de 2021 entrego las llaves.

Empieza el año escolar. Ahora Gabriel va a la escuela de arte dramático. Le tengo envidia. El director de esta escuela es un actor y director famoso de la ex unión soviética. Yo crecí con sus películas. Acordamos con la profe que Gabriel preparará para Clásica Viva igual que Daniel.

Un día me acerco y le digo:

—¿Puedes preguntarle al director si tiene un curso para una vieja tonta como yo?

Ríe y me dice:

—Consulto y te digo.

El precio de las criptomonedas empieza a dispararse y no sólo recuperamos la inversión que hemos hecho sino que empieza a crecer al doble y triple. Empiezo a comunicarme en un canal de Telegram de desarrolladores y me ofrezco como administradora en español, ruso e inglés. Así llego a conocer todo sobre este mundo.

En otoño mi hermana se empieza a ver más floja. El proyecto de la huerta no funciona y decidimos dejarlo. Como tengo algo de dinero guardado, se me ocurre una idea.

—¿Quieres cumplir tu sueño?

Le organizo un viaje a Ecuador. Estamos en la búsqueda de nuestro paraíso. Mi hermana se va con una mochila y pasa allí un mes y medio. Al cabo de este tiempo, me llama.

—Quiero ir a casa, quiero volver a España.

No encontramos el paraíso allí. Regresa.

Me comunican que empieza un curso de arte dramático para adultos y que me aceptan como participante. No puedo creer, tengo más de 40 años de edad y empiezo a estudiar actuación como si fuera un sueño de infancia.

Me fascina el arte dramático, es una de las mejores cosas que me ocurrieron en esta vida. Me apunto a todos los cursos: de dirección de cine, de guión, de casting moderno. En uno de estos cursos nos dicen que para mañana hemos de editar un guión de cortometraje autobiográfico de varias escenas. Marchando me pregunto cómo es posible, mi mente está en blanco, así estoy hasta la hora de acostarme y cuando me relajo empiezan aparecer imágenes de mi vida. Me levanto y en una hora y media sale mi guión, lo veo y me parece que es lo mejor que he creado en toda mi vida. Con certeza seguiré formándome en esta dirección también. En marzo empezamos a preparar las presentaciones de fin de curso. Yo empiezo a preparar la obra "El más extraño idilio" y me dan un personaje principal. Nos sumergimos por completo en los ensayos y preparaciones. De repente, recibo una llamada del hombre de Madrid al que abandoné en el hotel hace medio año. Vino por un festival y me propone una cita. Le digo que sí pero que será cortita porque no tengo tiempo.

Nos vemos un rato y esta vez se nos hace imposible continuar más allá de un café. Al ver que en mi territorio soy inalcanzable, me propone que vaya a Madrid. Me comenta que están a punto de celebrarse las elecciones del nuevo presidente de la Academia de Cine y que podría acompañarlo a este evento y a la comida que se haría después. La idea de conocer a la gente de este mundo me hizo vibrar. Empecé a soñar este viaje.

Acudo al profesor de teatro y le explico que debo cancelar unos ensayos para realizar este viaje. Cuando le comento, emocionada, el motivo, me mira y luego, suavemente, comienza a hablar:

—Verás, Elena, te entiendo perfectamente. No a cualquiera le hacen estas propuestas y es interesante, pero es totalmente inútil para ti si tienes expectativas de conocer a alguien que pueda estar interesado en ti como un profesional.

Se pone la piel de gallina, parece que ha leído mis pensamientos. Él sigue:

—Las personas de este mundo poderoso te saludarán y sonreirán y, al darse vuelta, se olvidarán de tu existencia. En cambio, aquí nos haces falta. A partir de ahora la decisión es tuya.

Me había hechizado la oportunidad que había visto frente a mí. Sin embargo, me doy cuenta de que hay sabiduría en las palabras de mi profesor. Tengo que reconocer que estando en plena vanidad estuve a punto de tomar una decisión incorrecta. Me viene a la mente el citado de un escritor grande Mikhail Bulgakov, de la obra Maestro y Margarita, cuando Voland habla con la protagonista: "¡Nunca pida nada a nadie! Nunca y, sobre todo, ¡nada a los más fuertes que usted! Ya se lo propondrán y se lo darán". Esta frase y las palabras de mi professor me devuelven a la tierra. Me calmo y rechazo el viaje.

Siento agradecimiento por este consejo y por la claridad con la que habló conmigo. Los caminos del universo son impredecibles: quién sabe dónde estaré y hasta dónde llegaré. Entiendo que la vanidad es un sentimiento que tengo que excluir por completo, pues me hace ciega y tonta.

Empiezo a participar como voluntaria en los rodajes de un director. No es remunerado, pero me da igual, necesito práctica. Me da dos papeles en dos cortometrajes.

Le pregunto a Dario si puedo pasar la Semana Santa en su casa de Dénia, me dice que está encantado.

Esta vez nos organizamos y hacemos este viaje con toda la familia.

Daniel viene a pasar esos días con nosotros. Ha crecido un montón, casi no lo reconozco. Con ese hermoso clima, un día digo:

—Ojalá pudiéramos volver a vivir en el sur.

Todos asienten. Estamos cansados de vivir abrigados.

Cuando terminan los días de fiesta, Daniel me dice:

—Mamá, quiero volver a vivir contigo.

No hay ningún problema. Esta vez ni el padre ni su pareja montaron escándalo porque les estaba resultando difícil llevarlo.

Cuando volvemos a Portugalete, Dario me llama para preguntarme cómo va todo. Le cuento honestamente nuestra situación.

—Cuando estés que ya no puedes, coge a los tuyos y múdate a nuestro piso en Dénia. Cuenta con él, porque con la situación de la guerra, a lo mejor por los próximos años no podremos ir.

Quedo boquiabierta. Le digo:

—Te agradezco por este regalo, pero aún tenemos que acabar cosas aquí.

Cuando le cuento a mi hermana, me dice:

—Si no aceptas su propuesta, eres gilipollas.

Aun no puedo creer en estos regalos que vienen del universo.

Tomamos la decisión de mudarnos a Dénia en el verano.

Al principio de junio, mi hermana me comenta que había visto un perro que estaba en adopción en una perrera de Santander. Ya tenemos una perra y realmente hace que mi hermana se levante de la cama y sale de paseos. Desde siempre mostraba la sensibilidad por los animales y más por abandonados, así que le digo que vayamos a verlo.

Pasando entre jaulas, ve al perro por el que vino y se da cuenta que es miedoso y agresivo. No le parece una buena idea. Avanzamos un poco más y vemos una mancha negra grande que da vueltas por las paredes ladrando. Mi hermana le dice:

—¡Párate!

Se queda sentado y empieza a pasar la pata entre rejas. Nos miramos. Tenemos que llevarlo. Vivimos en un piso de 60 metros cuadrados cinco personas más una perra y traemos a un macho de 25 kilos. Decisiones maduras de mujeres adultas. Lo llamamos Pyos.

Mi curso de arte dramático terminó dando la obra en la escuela , para mi ha sido un éxito personal, un nuevo nivel de autoconocimiento, esté donde esté siempre buscaré la oportunidad de seguir con formación en este ámbito.

Empezamos a preparar la mudanza. Daniel tiene un campamento de verano, así que le digo:

—Cuando vuelvas yo ya no estaré. Tienes dos opciones, o viene a buscarte papá, o te compro un billete de bus desde Bilbao a Benidorm y vamos a buscarte.

Opta por la segunda, convencido.

El día 11 de julio llevo a mi hermana y a los chicos a la terminal de autobús. Luego vuelvo a casa y cargo las cosas en el coche. La mitad está ocupada por la jaula de los perros, el hámster y una orquídea. Lo demás se queda en Portugalete. Entrego las llaves a Antonio, me despido y le agradezco por todo lo que me ha ayudado.

Cojo el camino a Dénia. Voy segura, tranquila. Otra vez voy a empezar todo de cero.

Capítulo 7

Aliento a pleno pulmón

"Haz de tu vida un sueño,
y de un sueño una realidad"

Antoine de Saint-Exupéry

No importa qué lugar estoy abandonando: es un pasado. Podría odiarlo, culparlo u olvidarlo, pero creo que lo mejor que puedo hacer es estar agradecida a las lecciones que me ha dejado. Más allá de que los aprendizajes hayan venido de momentos felices o de errores que cometí y sufrí, lo importante es que los tengo y son míos. Ahora lo que cuenta es a dónde voy, qué decisiones estoy tomando.

Toda mi vida perseguía el objetivo de ser una persona normal, tener una vida como todos normal y siempre fracasos, mi enfermedad no desaparece tan solo aprendí a convivir con ello e incluso respetar. Esto me excluye por completo, porque casi todo lo que se determina normal me puede ocasionar recidivas, quizás la normalidad no es lo propio de mí. Hace un tiempo vi una película adaptación cinematográfica de Elisa Graves (Edgar Allan Poe) y se me clavó la frase de un personaje acerca de los enfermos mentales: ¿Qué necesidad hay en convertir un caballo feliz en un infeliz humano? Estoy llegando a la conclusión que soy caballo feliz y la conciencia de este hecho no me produce sentimientos negativos, al revés, una alegría, a partir de este conocimiento se como tratarme a mí misma y es lo más importante.

Me dirijo hacia Dénia, la ciudad donde viví seis años, donde tuve a mis dos primeros hijos. ¿Qué es lo que me lleva otra vez por allí? ¿Qué he de terminar? Supongo que es algo importante y, a lo mejor, lo descubriré estando ahí. Es la primera vez en muchos años que voy a un lugar sin tener previsto empleo o proyecto del que vivir. El único objetivo y la propuesta con la que voy es tomar un descanso, ir a bañarme a la playa, remojarme en la piscina y pasar tiempo con los niños. No he tocado el mar en los últimos años, aunque vivía al lado de él. La rutina me mantenía demasiado ocupada.

Quizás Dénia se convertirá en mi banquillo donde pueda reposar y descartar los hechos del pasado. Una temporada sin pensar en nada. Ya veremos.

El viaje es algo largo, paro cada hora y media para darle agua a los perros y sacarlos a hacer un paseo cortito. En cada parada, siento una temperatura más alta. Cuando nos acercamos al sur, salgo del coche con aire acondicionado y el viento caliente casi me quema la piel. Estamos a mitad de julio de 2022. Este calor es como un abrazo que necesitaba desde hace tiempo.

Estoy experimentando muchos sentimientos pero en ningún momento en este viaje y en los días anteriores, desde que tomamos la decisión de mudarnos a Dénia sentí ni miedo ni incertidumbre. Ya no tienen lugar en mi vida estos dos sentimientos. Mirando hacia atrás, veo que hay un vector ascendiente en mi evolución personal. A medida que incorporo nuevas lecciones me convierto en una persona mejor.

Por fin llego, sobre las 22 de la noche. Mi hermana, Sofía y Gabriel ya están en casa. Ellos vinieron en el autobús y Karim fue a buscarlos a la estación de Benidorm.

Recorro la nueva casa, es que en realidad es una vieja conocida. Yo la compré, guié su construcción e hice todo lo posible para que existiera. Aunque este piso no es mío, será nuestro hogar por un tiempo. Es importante sentirse cómodo donde uno está, pero para esto hay que tener paz interior.

Quedan unos meses de verano. En Dénia hasta octubre uno puede bañarse en el mar y esta vez lo aprovechamos bien.

Daniel vuelve de Cantabria sin incidencias. Para un niño de 12 años hacer un viaje sólo en autobús fue una gran experiencia; le demostró que puede ser independiente y que está creciendo. Al bajar del autobús, pregunta:

—¿Cuándo haré de nuevo un viaje solo? ¿La próxima vez puede ser en avión?

Reímos. Entiendo que mi hijo mayor se está convirtiendo en adolescente y busca independencia. Me recuerda a mí misma por su carácter. Durante los años de infancia no fui sobreprotectora, más bien sufrieron falta de atención por las circunstancias que atravesamos. Ahora tengo que prestar atención y no caer en la tentación de cortarle su libertad. Carl Jung dijo que la carga más pesada que cae sobre los hombros de un niño es la vida no vivida de los padres. No tengo injerencia sobre la posición de Karim, pero yo puedo recordarme a mí misma que también fui niña e hice cosas mucho peores que las que hacen mis hijos ahora. Así podré empatizar con mis hijos. No es fácil encontrar puntos de conexión con un adolescente pero necesito y quiero hacerlo.

Unas semanas después de mi llegada me pongo en contacto con la directora del teatro ruso y le ofrezco que nos coja a todos.

—Convierte a toda mi familia en sus estudiantes —le digo.

Nos acepta alegremente.

Empiezo a participar de las clases del grupo de adultos y, a su vez, comienzo a ir al grupo de los pequeños como maestra auxiliar. Como no tenían grupo para Sofía, tuve que convencer a la profesora de que abriera un nuevo grupo para su edad y, para lograrlo, le ofrecí mi ayuda.

Al principio sólo serían Sofía y su amiga pero ahora ya hay unos 15 niños. Son tan inocentes y tan sinceros en sus actuaciones que verlos me llena de alegría.

Mis tres hijos disfrutan ir a teatro, su motivación es personal y muy fuerte. Un día, estando de bromas, le digo a mis hijos:

—A ver queridos descendientes míos, os estoy proporcionando algo que no todo el mundo puede tener, que es el acceso a la vida artística. Os pido por favor que aprovechéis todo lo que os está dando el teatro ahora mismo, porque en unos años os llevaré a Hollywood y os venderé a la industria del cine, así recupero la inversión que hice en vosotros a lo largo de vuestras vidas.

Se ríen a carcajadas conmigo y dicen: ¡Buena idea! ¡Trato hecho, mamá!

No son sólo amenazas y palabras, lo demuestro con los hechos. Les organizo viajes para que participen en un rodaje aunque se haga a 800 kilómetros de casa y haya que viajar sólo por un día. Es una experiencia incomparable. A estas alturas, cada uno de mis hijos ha firmado contratos laborales y ha recibido salarios oficiales. No importa que gastamos tres veces más que lo recibido en viajar: el hecho de pasar tiempo juntos haciendo algo que nos gusta, es maravilloso. A Daniel le cumplí su deseo de volver a viajar sólo, ya que viajó a un casting en Bilbao. Ha vuelto lleno de emociones y experiencias. No importa que no lo hayan elegido para papel, lo más importante es que sepan que soy capaz de brindarles esta oportunidad.

Creo que la mayor parte del tiempo tengo buena relación con mis hijos. Sé con certeza que no puedo vivir la vida con ellos. A diario les siembro la idea de que no deben esperar una herencia de mí. Ya les he hecho un regalo valioso: les regalé la vida, todo lo demás lo deben conseguir ellos.

Lo que intento es hacer es dejar unas herramientas útiles en sus mochilas: idiomas —aunque me ha costado motivarlos, ahora son todos trilingües—, el arte dramático —les está quitado complejos y les permite interactuar con el mundo exterior sin miedo y la costumbre a los cambios de sitio y de vida —esto les traerá libertad de movimiento para su futuro—. Si mis semillas dan buenos brotes puede ser que me lo agradecerán a los 20 o 30 años. Si no funciona mi teoría no habrá nada que hacer, tendrán que hacer su vida como quieran de cualquier manera.

Mi hijo mayor me pide llevarlo a Muay Thai, el boxeo tailandés. Encuentro en Dénia una escuela dirigida por un campeón de España y nos presentamos. Me quedo a ver el primer entrenamiento. Quedo hipnotizada: yo también creo que es fantástico, así que me apunto y empiezo a entrenar.

Poco a poco la gente de Dénia se entera que he vuelto. Empiezo a conocer personas nuevas y veo que necesitan mi mediación y traducción para distintos trámites. Un día llamo al hospital para coger una cita para una vecina de la urbanización. Después de hablar unos minutos, la chica de call center me dice:

—Dígame, por favor, ¿cuántos idiomas habla usted?

—Hablo ruso, castellano y finjo que hablo inglés —digo riendo—.

Me dice que en el hospital necesitan a alguien que se ocupe de la mediación y me pide que lleve el currículum. Es un centro nuevo, cuando yo vivía antes no existía ni siquiera la construcción.

Voy a dejar mis papeles pero pienso: espero que no me llamen en las próximas dos o tres semanas porque necesito viajar a Bilbao. Mi profesor de teatro me invitó para dar la obra dos veces en un festival. Estoy ilusionada planeando el viaje y no quiero tener que cancelarlo.

Una tarde en las noticias de Google veo está abierta la presentación de documentos para la lotería de green card. ¿Por qué no? La probabilidad de ganar es muy escasa, pero si mi universo quiere que yo lo reciba, lo hará posible.

Mitad de octubre llega mi amiga Helen desde Moscú, con quien tenemos una amistad desde 2013. Cuando viene a visitarme, me dice que se separó y por eso decidió venir a vivir a España. Jamás lo hubiera imaginado, estaba casada y tenía una familia que parecía feliz. Ahora está totalmente desequilibrada. La recibo con brazos abiertos dispuesta a ayudarla a integrarse a este mundo nuevo, tras once años de vida familiar y de aislamiento del mundo exterior. No sabía ni siquiera cómo acceder a su banca online o cómo comprar billetes de avión. El mundo ha cambiado mucho. Empiezo a vislumbrar el sentido de mi llegada a Dénia. Contemplo la sabiduría de mi universo.

Llega el momento de ir a Bilbao. Viajo con unas energías vibrantes. Vivo la vida de mi personaje en el escenario. Quiero seguir la formación y algún día dedicarme por completo a este arte tan hechizante. Quiero oír aplausos del público y vivir esta atmósfera de magia, de teatro y de cine por siempre. Estoy cargada de emociones positivas.

Cuando vuelvo a Dénia, mientras acompaño a mi amiga Helen a hacer unos trámites, recibo un mensaje:

Te estoy buscando desde hace dos días, llámame, soy la chica del hospital.

Veo que hay varias llamadas perdidas. Me comunico y me dice si puedo ir a una entrevista.

—Claro, ¿cuando? —pregunto.

—Ahora.

Miro la hora y respondo:

—A la 1 puedo estar ahí.

—Hecho, aviso a la supervisora de tu llegada.

Tras un breve cuestionario me dicen que estoy contratada como traductora e intérprete de ruso, que baje al almacén para que me den el uniforme así puedo empezar al día siguiente.

Es algo que no me esperaba ni busqué, pero no me viene nada mal. Es necesario aumentar los ingresos para tener una vida un poco mejor. Además, por fin mi título en sanidad estará apoyado por experiencia en un hospital y eso me podría ayudar a conseguir trabajo en un futuro, incluso si me voy a otro país.

Me integro a este nuevo puesto de trabajo y círculo. El contrato es muy cómodo. Trabajo 25 horas semanales y los fines de semana y festivos los tengo libres. Puedo dedicarme a mis hijos y a lo que me gusta hacer, como el teatro y el deporte.

Mi hermana está estable y tiene sus responsabilidades. Ocuparse de los perros la obliga a salir cada día a dar paseos.

Mis conversaciones con ella llegan a ser largas. A pesar de que somos polos opuestos, nos entendemos. Desde hace siete años no tenemos ni un conflicto. Un día le digo:

—¿Sabes por qué no tenemos broncas?

Me mira, esperando la respuesta.

—Porque nos da absolutamente igual lo que haga la otra.

Ríe. Sabe que es verdad: no metemos las narices en la vida ajena. Como dice la frase de Fritz Perz, nos aceptamos tal y como somos, sin intentar cambiarnos. Parece que lo que no pude tener en mi vida de pareja lo conseguí en la relación con mi hermana Tati.

Todo lo que ella lee para sí misma me lo transmite. Como mi cerebro es un terreno agradecido y fértil, los aprendizajes brotan. Después de las conversaciones con ella me siento cada vez mejor y mejor. Su presencia en mi vida me ayudó a salir del abismo.

Desde hace un tiempo empecé a buscar mi sentido de vida. Lo he buscado en los negocios, en los niños, pero no estaba ahí. Me propuse otras metas pero tampoco me sirvieron como tal. Empiezo a entender que, para mí, el sentido de vida es el movimiento y desarrollo continuo, el vivir cada momento sin miedo a encontrar nuevas metas. Mi sentido de vida es el movimiento.

Mi rutina tiene ritmo pero no es estresante. Constantemente conozco muchas personas nuevas interesantes que acuden al hospital, con algunos la conversación se extiende. Entiendo que mi estadía aquí sirve para compartir lo que aprendí en este país a lo largo de los 18 años. Siendo la necesidad de dar y lo estoy disfrutando.

Ayudo sin esperar nada a cambio. No tengo suficiente tiempo para estar pendiente de que me devuelvan un favor: yo sigo mi camino y saboreo el poder adquirido sobre mi vida y sobre las circunstancias. Sorprendentemente, despúes recibo mucho más y llego a la consciencia de que la ley del universo funciona. De lo que sueltas, recibes el triple.

Un día, una de las cucarachas que vive en mi cabeza se despierta. Esta cucaracha es la responsable de mi idea de viajar a Estados Unidos. Se pone rebelde y empieza a preguntarle al universo: ¿cómo voy a lograr ir a Estados Unidos? ¿Cuándo?

Unos días más tarde conozco a una persona rusohablante en el hospital. La acompaño a la consulta y, cuando salimos, me invita un café. Comenzamos a hablar de nuestras vida y le digo que pienso emigrar a Estados Unidos.

—Entonces tienes que venir a trabajar conmigo —me dice.

Me cuenta que ahora mismo hay dos contenedores con equipos dentales que están saliendo desde Ucrania hacia norteamérica para un proyecto en el que su hija está trabajando.

Le digo que le agradezco la propuesta pero que tendrá que pasar mucho tiempo hasta que pueda aceptar porque mi nacionalidad española esta en tramite y todavía no se cuanto tiempo tardará en reolverse. Le dejo mi número de teléfono. No hay ninguna certeza, pero esa conversación ha calmado a mi cucaracha. Ha llegado en el momento justo a decirme que todo es posible y que yo debo seguir haciendo mi camino.

Al ser una persona activa y sana, conozco bien mi cuerpo. Tras los entrenamientos empiezo a notar molestias leves en la zona inguinal. Tras una autoexploración me autodiagnostico una hernia. Es una noticia poco agradable pero es esperable con tres embarazos y los esfuerzos indebidos que hecho trabajando en los bares. No tengo tiempo para lamentarme, hay que solucionarlo. Lo primero que hago es llamar a Karim, que trabaja en el hospital público desde hace más de 10 años. Me ayuda a organizar una cita con una cirujana evitando pasar por el médico de cabecera. La cirujana me confirma que tengo una hernia y me explica cómo será la intervención. Me anticipa:

—Haré lo posible para conseguirte un turno pronto, pero la lista es interminable. Las cirugías programadas están colapsadas.

Con ese panorama, me acerco al departamento del hospital privado donde trabajo y pido un presupuesto. Son 6 mil euros, no puedo cubrir un monto así. Empiezo a pensar en contratar un seguro privado pero antes de acceder tienes que estar bien, no puedes hacerlo con una preexistencia. Sé que con el tiempo encontraré una salida, pero estoy impaciente. Cuando mi cerebro se agota de buscar herramientas, le suplico a mi universo que me ayude porque yo no tengo poder de hacerlo.

Pasando unos días, mitades de diciembre, estando en el trabajo recibo un correo electrónico. Es una oferta de un seguro para empleados del hospital: están aceptadas todas las preexistencias y no hay tiempo de carencia. Cuesta sólo 30 euros al mes. Lo contrato sin pensar dos veces. Gracias, mi universo.

Algunos dirían que es una simple coincidencia pero en mi vida no ha sido la única. Recibo respuestas e indicaciones así que yo, personalmente, prefiero pensar que así actúa mi fuerza mayor. Todo lo que ocurre es el resultado de nuestra interacción. A mayor nivel de fe, más respuestas recibo.

Me topo con otra dificultad: no tengo tiempo para operarme entre el trabajo, los niños y los proyectos de teatro. Además, soy una empleada nueva y hay muchos pacientes que dependen de mi traducción; no puedo coger la baja ahora.

Antes de Navidades llega otro regalo: me conceden la nacionalidad española. Acudo al registro civil para la jura y me dicen que tengo que esperar unos seis meses hasta que se haga la inscripción en el registro civil porque están saturados. Esto no me quita el equilibrio, aún hay muchas cosas para acabar aquí.

Llega el cumpleaños de Sofía y esta vez propongo hacer algo distinto: hacemos juntas, solas, un viaje a Valencia por dos días. Salimos el 6 por la mañana. Primero vamos a un parque infantil, luego al oceanográfico y por la noche dormimos en el hotel en una cama queen size. Al día siguiente disfrutamos un desayuno de lujo, vamos al bioparque y volvemos al parque infantil de Gulliver que tanto le gustó. Finalmente, consigo oír las palabras que desea escuchar cada madre:

—Mami, estoy cansada, vamos a casa.

Por camino a casa me dijo que ha sido su mejor cumpleaños, seguro que estos recuerdos se quedarán con ella para siempre.

En el último año aprendí que los sueños viven, crecen, y, los que ya están maduros, descienden a la realidad. Para que un sueño viva hay que visualizarlo, definirlo y soltarlo.

Sé lo que quiero en este momento. Deseo vivir y trabajar en Los Ángeles, en el Venice Beach. Quiero disfrutar en la orilla del océano el plancton azul. Ya encontré la casa que quiero alquilar y hasta elegí el colegio donde enviaré a los niños. ¿Qué voy a hacer yo? Estudiaré y trabajaré en la industria del cine.

Solo hay una única cosa que está prohibida cuando sueltas el sueño: hacer la pregunta "¿cómo?". Esta palabra mata todo sueño porque lo lleva a toparse con la imposibilidad económica. Analizando mi pasado veo que la falta de medios económicos no me impidió llegar a este momento de mi vida, así que puedo entender que no es lo más importante.

Todo llega a su hora, pero no es cuando lo estamos deseando con pasión, sino cuando estamos preparados para recibirlo, a menudo esto ocurre cuando ya nos da igual o incluso está olvidado. Sé que existe una sabiduría superior a la mía.

Daniel y Gabriel participarán en el concurso Clásica Viva que este año se hace de manera presencial en Madrid. Les advierto que no están dedicando suficiente tiempo a prepararse pero en esta edad los progenitores no son una autoridad para sus hijos.

Vamos a Madrid. Están ilusionados con ganar los primeros puestos pero sé que no llegarán a hacerlo. Estoy segura de que no están perfectamente preparados pero no quiero evitarles la decepción, ya que así se forja un espíritu más fuerte. Han de saber que la competencia nunca duerme.

Quedan en los puestos 7 y 8 entre los 15 finalistas. De vuelta en casa, admiten sus faltas y reconocen que tienen que trabajar mucho más la próxima vez. Me alegra ver que vuelven con muchas ganas de revancha. Ya veremos cómo lo haremos el año que viene.

Con Helen, a menudo damos paseos largos. En más de una ocasión nuestras conversaciones rondan alrededor de hombres y relaciones. Me preguntaba por qué no buscaba una pareja, a lo que le contesto con una sonrisa:

—No encontré o quizás ni existe el hombre que puede permitirse el lujo de tenerme al lado.

—Pues no me sorprende. Tu energía es increíble y tu inteligencia puede resultar opresiva para muchos. No cualquiera lo soportaría. Además es imposible sobornarte con joyas, dinero o bienes materiales. Eres muy rara y asombrosa a la vez.

La verdad es que desde la historia con Iker no experimenté otra vez sentimientos tan fuertes. No he vuelto a enamorarme, pero las consecuencias de aquello me hizo pensar en la fórmula de amor. En mi búsqueda llegué a la historia de El Principito y, en su diálogo con la rosa, encontré esta fórmula. "Querer es tomar posesión de algo, de alguien. Es buscar en los demás eso que llena las expectativas personales de afecto, de compañía. [...] Amar es desear lo mejor para el otro, aún cuando tenga motivaciones muy distintas. Amar es permitir que seas feliz, aún cuando tu camino sea diferente al mío. Es un sentimiento desinteresado que nace en un donarse, es darse por completo desde el corazón. Por esto, el amor nunca será causa de sufrimiento. Amar es darte un lugar en mi corazón para que te quedes como padre, madre, hermano, hijo, amigo y saber que en el tuyo hay un lugar para mí. Dar amor no agota el amor, por el contrario, lo aumenta. La manera de devolver tanto amor, es abrir el corazón y dejarse amar."

A simple vista es algo extraterrestre, como lo es el Principito, pero puedo aseguraros que tuve la oportunidad de experimentarlo. Pude aplicar esto en la realidad. Aquí y ahora hay un hombre que me resulta muy atractivo desde el primer encuentro. Él se apoderó de mis pensamientos y mi corazón sin saberlo. Le agradezco sólo por su existencia, y cada vez que lo veo y hablo con él, aunque sea por un momento, no estoy obsesionada sobre cómo convertirlo en mi propiedad o hacerle saber qué siento. Quizás estas noticias sean indeseables para él. Disfruto de estos momentos y de mis propios sentimientos. Me gustaría saber que está feliz, independientemente de que sea conmigo o sin mí. No estoy segura de si un día lo sabrá. Se quedará conmigo en silencio, a menos que haya circunstancias que favorezcan esta revelación, pero será otra historia,

En estos años, en muchas ocasiones he vuelto en mis memorias a Mike. Le he enviado fotos y correos de vez en cuando para contarle nuestra vida, nuestras migraciones, y mostrarle cómo crece Sofía. No espero nada, sólo quiero decirle que nos acordamos de él y que estamos bien. Sé que lee los mensajes, pero nunca contesta.

Entiendo que está muy enfadado conmigo por no haberme casado con él, se habrá sentido traicionado. Quizás algún día entenderá que ese matrimonio no tenía futuro. Cuando tenga el pasaporte quizás podríamos ir a Inglaterra con Sofía y expresarle en persona lo agradecida que estoy.

El sistema judicial se colapsa, hay huelgas continuas y todos los procesos están paralizados. Reúno más paciencia y sigo mi camino.

Por fin tengo tiempo de someterme a la cirugía. La hernia ya es bilateral. Elijo Semana Santa, cuando tengo unos días libres para pasar en cama y recuperarme. Me siento inquieta con la idea de la anestesia total, me molesta el hecho que me sometan al sueño en pleno día cuando no tengo ganas de dormir, parece tontería, pero para mi es importante, me importa cada minuto de mi vida consciente y realmente me doy cuenta que es muy corta.

En el quirófano lo último que recuerdo son las luces que se van y un frío que eriza mi piel. Al mismo tiempo siento una paz y tranquilidad en mis venas. Vuelvo a la consciencia, no sé cuánto tiempo ha pasado. Oigo entre voces al cirujano. Lo llamo para asegurarme de que estoy viva.

—¡Antonio!

—Dime Elena, ¿qué pasa?

Me desbordan las emociones, ¡estoy viva!

—Antonio, ¡te quiero! —le grito.

Se ríe y responde:

—Vale, vale, ahora a recuperarse. Quizás te molestaran los hombros un poquito, no te asustes, es porque te hice laparoscopía , en unos días pasará.

Su voz era un manjar que me sacaba del sueño. Me siento débil. De reojo veo que mi tensión arterial es algo baja para mí. Me duermo, ahora voluntariamente, para recuperar fuerzas.

Cuando me despierto, voy al baño y, en el camino, siento que me estoy desplomando. Con la voz floja pido ayuda. Mi tensión arterial ha bajado aún más. Llaman al responsable de la UCI y me hacen inyección y en breve me estabilizan. Un poco más tarde de lo previsto, me dan el alta. Cuando salgo tengo una sed como si tuviera una gran resaca de las que solía tener hace 20 años.

Al tercer día ya puedo salir a caminar y al cabo de una semana me reincorporo al trabajo. Cuando regreso, se acerca la esposa del cirujano:

—Elena, dime una cosa.

—Y dos también.

—¿Gastaste los días festivos de Semana Santa para reposarte después de la intención?

—Sí.

Me mira sin decir nada.

—¿Crees que soy gilipollas? —pregunto.

—Pues sí.

Nos reímos.

A pesar de que no buscaba este empleo me encuentro cómoda, me satisface y sé que estoy ayudando a mucha gente.

Al principio de mayo publican resultados de la lotería Green Card, abro la página web para verlo, independientemente de lo que encuentre sé que todavía no ha llegado el momento para ello, ahora lo percibo en otro nivel todas las noticias y puedo distinguir lo que es correcto y en qué dirección tengo que canalizar mi atención. No me ha tocado! Bien, sigo mi camino!

Llega junio y en mis semanas de vacaciones participo de un festival teatral donde conozco mucha gente nueva y experimento una recarga emocional.

Un día me llama una amiga que conozco hace mucho tiempo con quien cada tanto nos llamábamos para contarnos las novedades. Siempre se sorprende de mis movimientos y mudanzas. Recuerdo una conversación que tuvimos en 2015.

—Elena, tienes que escribir tus memorias —me dijo—. Si no lo haces tú, lo haré yo.

—Quizás cuando sea vieja —le respondo.

En ese momento no estaba preparada pero entre risas y bromas se sembró en mi una idea.

Recuerdo ese momento con ternura y me pregunto: ¿habrá llegado el momento?

A los pocos días en la cinta de noticias de Google veo un anuncio de Europa Ediciones con una oportunidad de publicar una autobiografía. Mi mente se acelera, calculo los pro y contra pero, mientras tanto, mis dedos ya están tecleando la información en el formulario.

Estuve pensando en esto en los últimos años y además, necesito este libro para un nuevo sueño: quiero escribir un guión de un largometraje basado en mi vida.

En unos días, tras recibir un correo electrónico acordamos una llamada con un asesor. Sé que, como yo, hay millones de personas con una experiencia para compartir y contar para que otros no se hundan en penumbras. No soy la única, hay mucha competencia.

A la hora de la cita telefónica me desbordo, no tengo vergüenza de mi pasado: al contrario, quiero compartirlo y decir que siempre hay esperanza. La asesora me dice que ha de presentarlo al comité y me comunicará la decisión. Debo esperar unos días más.

En esos días, me llega un mensaje del registro civil en el que me avisan que ya puedo retirar mi certificado de nacimiento y de nacionalidad española. Esto me distrae, hago los trámites necesarios y así el tiempo pasa más rápido.

Finalmente, recibo la respuesta: mi historia es viable. Firmo un contrato y lo envío.

Mi vida otra vez coge un rumbo inesperado. Es otro cero, un magnífico cero y quiero que no sea el último. Los inicios me producen adrenalina y me hacen vibrar.

Los ciclos de mi vida se acortan y ya presiento otro cambio radical. Me atrevo a imaginar a los miembros de mi familia en el aeropuerto, cada uno con una maleta, antes de un vuelo transatlántico. Ya no tengo miedo de mirar al cielo. Al contrario, ahora admiro su color azul vibrante y contemplo que me cura cada día y me da respuestas. Seré capaz de superar lo que esté por llegar, y quizás en otra ocasión os contaré sobre otros magníficos ceros.

Índice